20 世纪中国图书馆学文库·19

小学图书馆概论

卢震京 著

囻 國家圖書館出版社

本书据商务印书馆 1936 年 1 月版排印(原书前所附图片未排印)

刘　　序

　　卢君震京写成了这部《小学图书馆概论》来给我看,我觉得卢君真是把握着了现在教育上一个极重要的问题。教育这件事,本来不是仅仅在课室中灌输一些知识而已。最要紧的,还是养成人的求知的习惯和能力,能以随时随地的依着环境的变迁,学术的进步,不断的吸收新知识,养成新能力,来应付环境,而能在社会上成一个非常有用的人,而不致落伍。教育能达到这种目的,才能算得有效果。而能随时随地供给所需要的知识的地方,自然莫有比图书馆再适宜了。所以养成使用图书馆的习惯,在欧美教育进步的国家,将便成为学校的一种重要责任。现在我们的大学和研究院都知道注重图书馆了,民众教育馆也以图书部为其重要事业之一部了。但是我们知道一切习惯都是逐渐养成的,若在中小学时期不养成使用图书馆的习惯,到了大学研究院如何能一蹴而成呢?在学校中已没有用图书馆的习惯,如何希望他能来到民众教育馆中找寻知识呢? 在养成人生基本习惯的小学中,不先养成利用图书馆的习惯,等到他进了大学,入了社会,再来想他造成这种习惯,不太耗费了金钱和时间吗? 何况大多数的国民是不能受到小学以上的学校教育的,而他们为农为工为商,从事各种生产事业,成为社会的基础。若是他们的知识不能与时俱进,而故步自封,不是国家的一个大危机吗? 所以小学图书馆的重要,在国民教育的意义上,比起任何专门图书馆、大学图书馆都重要的多。然而在现在却

1

最被人忽略了！所以卢君这本书，确是讨论一个基本的教育问题，我很希望看了这书的人，能得着相当的影响。

我们须知道一个图书馆的价值，不在他的书籍的珍秘罕见，更不在乎他的房屋之美轮美奂。两三间房子，几百本图书，但使这些书有切实的功用；但使这些书能影响读者的思想，改进他的人格，增长他的技能；但使到这地方来看书的人恍然知道他的功用，那就不失为一个真是有价值的图书馆。小学图书馆的真正功用，更在能培养小学生乐于看书的习惯，并且知道怎样用最经济的方法看书。这种习惯的有无，对于一个学生的将来，有时比正式学程还要生更大的影响。所以小学校图书馆的管理方法是要切实研究，严密注意的。我们对于现在小学校里疏忽这一类的问题，非常引为失望。我们看见美国小学校里儿童课余总喜欢到图书室里看书，排班站着，秩然有序的等候借书，或还书；我们看见管理员遇见一个手指不洁的儿童，温颜的劝他去洗手，我们更看见别的儿童也就举起手来看看，有的竟微笑着也跑去洗手了；我们有时更遇见教师带着儿童在图书室里上课，告诉他们看书的方法；我们恍然悟到他们社会上为什么这样遵法律、守秩序、重公德了！可见小学图书馆的影响有时还不止养成良好的读书习惯而已，并且可以养成公民道德的习惯了。

我希望此后我们的教育家能确切认识图书馆在小学教育上的地位，我们的教育行政当局能把图书馆的成绩，列为小学教育考绩之一。设法提高图书馆管理员在学校中的待遇和地位，这或者是卢君著书的一番苦心罢！

中华民国二十三年十二月刘国钧序

李　序

　　人之初,性本善,性相近,习相远。信吾人之生也本性善。及其长也,因环境之不良,交友之不善,乏父母之教诲,良师益友之薰陶,而性乃日趋下流,忘所以善处之道,斯性则日趋于恶矣。夫社会欲培植与保持吾人之善其道难,社会欲驱使吾人日趋于恶其道易。社会欲得一善人其道虽难,一旦苟得一善良君子,以之而树立健全社会,其利甚溥。今日社会所采方法积极者,则以教育循循善诱,然未免太偏重于灌注知识,精神之培植,尤感困难,其次则以社会人士之赞誉褒贬而范围之;更有不善,则以消极方法施法律之制裁,若夫至于坐奸犯科,拘刑其肉体,以促其良心自觉;是已至不可救药不可收拾之地位,而使精神振拔,不亦难乎? 复从而以宗教思想,迷信方法,谓其来世仍需受苦,是更与吾人为善之精神,大相径庭。社会不以积极方法导人为善,徒以消极方法而使避免,吾固以为此皆末节。

　　不如就孩提之童,赤子之心,自生至长,即受正当习染,家庭与学校,打成一片,造成一种天然环境,朝夕见闻,习染皆良师益友之薰陶,无使萌为恶之机,则善矣。吾故以为今日吾人之家庭,于造端之始宜先设立家庭图书馆,小学校即宜先设学校图书馆,而市立县立教育机关,必设立公立儿童图书馆。复使三种图书馆联络沟通,合而为一,儿童所见所闻,皆古今人之嘉言懿行,久而久之,则只知为善。在学校为好学生,在家庭为好小孩,在社会为好公民。

知规矩，习礼仪，爱洁净整齐，准时起作，利用空闲时间，作正当有益工作，训练个人特别技能，不断追求学问等等，凡此种种皆足影响小儿一生及其思想之结构，理想之养成，艺术之意味，个人之操行，待人接物，所用语言，游戏品格，甚至一生专门事业之基础培植，举凡一举一动，皆卒铸成一良善君子，所谓人生观念无一不合新生活之条件。此乃今日社会最缺乏与最需要培植之儿童美德，欲此种儿童德性之培植，端赖先普遍造成此种环境之机关——即创立小学图书馆，逐步依儿童年龄而推进，既深且广，为用必宏，而社会之受益更无穷。凡此皆小学图书馆之对象，亦即儿童教育之对象，是则办理小学图书馆，即儿童教育之唯一重要设施。

卢子震京觇社会之急切需要，藉公余之暇而撰《小学图书馆概论》。藉资初步之探讨，其用心可谓专矣，其志诚可嘉矣。用是以告世之提倡公民教育及提倡新生活运动者，盖舍办小学图书馆，其道末由，是为序。

民国二十四年二月李小缘序于金陵

例　言

一、这本书的目的，是在阐明小学图书馆的重要及其实际的方法。不但关于理论的研究加以说明，还使已有成效的经验，贡献于从事小学教育界的人员和未来的小学教师们。

二、这部书想特别说明小学生和教职员对于图书的运用，能以敏捷有效的方法，而获得利益。所以在选择参考和提出的材料上加以注意。这是在编制方面和坊间现行关于研究儿童图书馆的书籍不同的所在。

三、本书在方法方面，是注重在小学生和教职员个性与群性的平衡。因图书馆的新环境，而激起他们共同活动的兴趣，来满足他们的需求。

四、本书要希望一般小学教职员或师范学校的学生，无论曾否受过普通图书馆训练的，对于小学图书馆更可以增加一番认识。故每章后附有问题和参考书，以便读者作进一步的探讨。

五、本书稿成承刘国钧先生、李小缘先生校正并赐序，印国钰先生、刘启瑞先生参加意见，并承钱伟先生缮稿，郑源深先生绘图，内子夏舜如女士帮忙校对，在此一并志谢。

目　　次

1

第一章　小学教育与小学图书馆

　　小学校为什么要设立图书馆？从小学教育的立场上说,至少可以有三方面的解释:(一)学校组织所必需;(二)小学生的利用;(三)教师的参考和指导。现在把实际的理由分述在下面:

　　学校组织所必需　学校图书馆,是学校内部组织重要的一部分。他的功用,不仅是补助课室教学的不足,而且还能解决行政及教学上的一切疑难的问题。所以一个学校如果组织上缺少了图书馆,他就不能成为一个完善的学校。现在小学校既是公认为一切教育的基础,我们要为完成小学教育的使命计,要使小学教师及儿童获得充分学识计,要为一国教育的基础计,自然小学图书馆之需要,实在是一个很迫切的问题。

　　小学生的利用　图书馆是供给学生应读应看的图书所在地,也就是儿童一个求新知识的场所。儿童良好的读书习惯,大多要靠图书馆员的指引和鼓励而成。所以儿童利用图书馆,就可以得到下面的利益:

　　(一)**个性的发展**　学校教育大多是划一的,被动的。同班授课的学生,教材的支配均等,学生经过团体的阶级,规定的学课,自然个性无由发展。儿童的天资,原本是贤愚不等,一般天才丰富的,在学校教室里,课本的知识有限,不能满足他们的需要,发挥他们的天才,然而学校又绝不能因少数人的需要,加重学科,因此所生的结果高材生常迁就于一般天资平凡的学生,而就埋没了许多

1

优秀分子高深学识的获得,一切事业的成就。这从一个整个的社会或国家说来,实在是一个很大的损失。如果有了图书馆,他就自然的可以解决这个问题;因为可以使一般有天才的很自由的去阅读他们所喜欢而有用的书籍,不受限制,图书馆也可以尽量的供给他们的需求。

(二)自学读书习惯的养成 儿童天性活泼,阅读书籍一件事他们是不十分欢喜的。这不但是因为课后小学生,常常无所事事,或是有不良的习惯。最重要的是因为没有经过读书的训练,和知道读书的兴味的原故。要使儿童有读书的训练,非多接触书籍不可;要使儿童有读书的兴味,非多阅书籍不可。图书馆是购备多量书籍的地方,也就是可以诱导儿童度优美生活的所在。小学校有了图书馆,儿童既可以自由选定他们爱阅的书籍,如笑话、剧本、小说种种,行之既久,读书兴味提出,读书的习惯自然养成。

(三)优美性情的陶冶 儿童时代,最富模仿性,对于外界事物,不论是好是坏,都很容易模仿。我们从小学教育的原理说,应当诱导利用这种本能,而为种种的教育设施,造成良好的环境,灌输正确的知识,以养成健全的国民。但是呆板机械式的灌输,既不容易使儿童领受,而且反有害于身心。在这里图书馆确能显示他很大的功能,他也能造成儿童良好的环境;因为合理化的小学图书馆,都是顺着儿童兴趣,选择有益身心的书籍,多方购备,如诗歌、小说、美术、图画,读之有纯洁的印象,阅之有审美的观念。如圣贤格言、名人传记,以及各地游记种种,使儿童时常阅读,自然能引起好奇心、崇拜心、敬慕心,无形中也可以得到很多好的教训。

(四)办事能力的训练 图书馆是个活动的事业,是练习办事的好机会。儿童常到图书馆,既可得到知识,同时如果参加练习事务的,也可以得到实用真切的办事经验。

(五)补助学校教授的不足 教科书以外的参考,自然很多。倘是要以个人经济能力而购书,自属不可能。有了图书馆,书籍是大家轮流阅读,在学校方面,代每个学生谋利益,所费不多;在儿童方面,也不必每人花费很多,就可以多得知识,所以图书馆实为学校教育的利器。

　　教师的参考和指导　有良好的教师,方可产生优秀的学生。所以教师的进步,也就是增加学生知识的最大动力。但是教师如何才能进步呢? 这自然要靠着一方面求教学上的进步,一方面求自己学识的增进,就所谓"教学相长"才能达到这个目的。否则学不进则退,同时也影响学生的学业,不能进步。如果图书馆设立起来,教师可以得到许多参考的机会。譬如:

　　(一)新教学法的改进　现代小学教育的趋势,多侧重于自学辅导。不能自动而乏个性发展的注入法的教学,早已成为过去。所以现代设计教学法,以及道尔顿制,都是使教师要多方参考,而多方研究,而来辅导儿童,获得身心的进步。因此图书馆供给多量参考,自非需有完善组织和管理不为功。任何小学不采用新教学法则已,如要改进教学法,图书馆的设立是个先决的问题,这实在因为他是教学上最良好的工具。

　　(二)减轻训育事务　小学生因为知识的浅薄,一切的言语行动,常常越轨。学校方面,对于训育和管理,同时比其他各级学校教育,要来得繁重。现在图书馆,既可以改进环境,陶冶学生性情,训育和管理方面自然要减少许多困难,同时也可以增进训育方面的效益。

　　(三)教师的自习　教师应备有丰富的知识,不仅是为他的学生,同时亦是为他自己。伟大的教师,应具有这伟大的特性,若果缺少了这种特性,他的基础便起动摇。因此教师为发展他们的特性计,他们的研究工作,不仅要得到教学上的参考,就算了事。同时多方面的知识,应该随时随地去吸收,以储养光大他们自己的力量。所以教师要常常到图书馆里去搜集资料,以应付各方面的需要。

问题

一、图书馆在小学校组织上的系统地位如何？

二、试说明小学生和个性教育的关系。

三、试说明怎样指导小学生读书习惯的养成。

四、试研究小学教师需要图书馆的原因。

参考书

孔敏中　《图书馆与小学校》《晨报副刊》　民十四年五月二十二日

李文祷　《小学校与图书馆》《中华图书馆协会会报》　六卷二期

杜定友　《图书管理学》　上海中华

杜定友　《图书馆学的内容和方法》《教育杂志》　十八卷九、十期

胡昌才　《小学校儿童图书馆之研究》《教育汇刊》　第一集　民十南京高师

马宗荣　《现代图书馆序说》　上海商务

刘国钧　《图书馆学要旨》　上海中华

张九如　周矞青　《可爱的小图书馆》　上海中华

今译慈海著　陈逸译　《儿童图书馆之研究》　上海商务

Hunt, C. W. : Library Work with Children. A. L. A. ,1924.

Power, E. L. : Library Service for Children. A. L. A. ,1930.

第二章　小学图书馆的性质

　　儿童不是成人的缩形,儿童有他自身的价值,所以要设立小学图书馆,必定要以儿童的需要为中心。这个重要性可以表明有三点:

　　小学图书馆须适应小学教学之原则与中学大学图书馆的性质不同　在小学教学上一种最有价值的,是利用种种的诱导方法,鼓动儿童的兴趣,自动参考课室以外的补助读物,使其学习的范围加广。图书馆管理的人员,如果加以切实的指导,儿童易于领会。在高年级的儿童,从图书馆方面也可以知道自己搜集材料的方法,可以养成独立研究的精神。但是这种成功的要素,当视其下列条件是否成功为断:

　　(一)图书馆指导利用参考的方法如何?

　　(二)图书馆所藏图书的性质,与小学教材的补益如何?

　　(三)有趣有益的读物,对于全校儿童的支配如何?

　　(四)阅读时间的经济如何?

　　(五)各种材料或读物,是否能择长去短?

　　在这几种的条件下,小学图书馆应当特别注意训练儿童知道:

　　(一)图书馆内藏书大概的性质,

　　(二)图书分类的方法,

　　(三)一切标准参考,如辞典、地图等的用法,

　　(四)一切应用杂志名称及利用法,

（五）问题的研究如何编成参考的资料，

（六）养成搜集各种问题参考的习惯。

小学图书馆须采用简单便利的方法与专门图书馆的性质不同一个活用的图书馆，自然需要一种科学的方法，这是当然的事实。他的理由大概有三条：就是第一，儿童的时间是有限制；第二，人的时间与精力，乃系教学的原料；第三，图书馆的方法，就是教师的方法。但是同时要明白的，方法在平常人用，各有巧妙不同。善于管理的，可以使教材或教材以外的传授，自然的流通。不得其法的，一切活用的目的，不易达到。反而浪费儿童好多宝贵的光阴，造成不良教育的基础。

所谓简单便利的方法，应该注重在下列的几方面：

（一）设备简单合用而美术化，

（二）分类编目宜简括合理，

（三）出纳手续极简便，

（四）阅览指导的方法，宜侧重于儿童的兴趣。

图书馆要有简单的方法，不但是可以使儿童运用便利，而且获得下列种种的知识和技能。即：

（一）简单的技能与习惯　有了简单的号码，和清晰合理的分类，及管理指导种种方面，使儿童知识可以增进。技能的练习，也可以养成良好的习惯。

（二）有组织的知识　知识贵有条理，有条理而后易于进步。所以图书馆使用简单的分类编目方法，可以显示一切知识的简单系统，既容易记忆，而且也易于了解。

（三）智力的习惯　智力的习惯，乃系指阅读、学习、思想及研究的习惯。分析起来，可以包括几种能力：（1）探求图书意义的习惯，（2）比较图书价值的习惯，（3）使用参考资料的习惯。以上种种应该看作为阅览指导上重要的目标。

（四）态度与欣赏　图书馆要能建造一种真善美的环境，使儿童得情意上的感化。换一句话，凡儿童环境中一切假的、坏的、丑的，都应该铲去。实施这种工作，图书馆管理人员应当有特别的热忱，学生自然能于不知不觉中，感到美满的影响，铸成他们正当的态度和欣赏。

小学图书馆须迎合儿童心理的趋向与成人图书馆的性质不同

如果办理小学图书馆，而不懂得儿童心理的趋向，必至愈办愈糟。这是因为儿童的能力，儿童的接触，与儿童的兴趣，是与成人截然不同。若果依成人的图书馆的方法，来实施那无意识的浪费，终不得有良好的结果。这是前面也曾提起过的。现在归纳起来，小学图书馆要迎合儿童心理的趋向，就要注意到：

（一）以儿童为中心的图书教育，

（二）兼重身体自然的活动与心灵的发展，

（三）引起兴味，

（四）课本以外的直接经验，

（五）个性差异的重要。

问题

一、试说明小学图书馆与中大学校图书馆的主要区别何在？

二、图书馆应当怎样训练儿童？他的重要条件在哪里？

三、试说明图书馆简单方法的利用，与儿童教育上的关系何在？

四、图书馆教育怎样才能成为儿童的中心教育？

五、试说明民众图书馆与小学图书馆的差异何在？

参考书

刘国钧　《近代图书馆性质及功用》　金陵大学　《金陵光》　十二卷二期

蒋镜寰　《小学图书馆实施法纲要》《江苏省立图书馆馆刊创刊号》

今译慈海著　陈逸译　《儿童图书馆之研究》　上海商务

张九如　周矞青　《可爱的小图书馆》　上海中华

李文褀　《小学校与图书馆》《中华图书馆协会会报》　六卷二期

Hunt, C. W. : Library Work with Children A. L. A. ,1924.

第三章　如何组织一个小学图书馆

小学图书馆的组织,因各校经费状况不同,未可并论。惟按各校情形办理时,当不出下列数种:

(1)馆主任一人,由教员兼任,学生数人为助理,此为最简单的组织。

(2)馆主任由教员兼任,馆员一人,秉承主任专任一切馆事,不兼他职。

(3)馆主任一人,由曾经有图书馆学训练者充任,另由学生数人助理。

(4)专任主任一人,学生助理数人,此为较完备的组织。

(5)设图书馆委员会,另雇书记管理馆务。

人员　在中国一般的小学校里,普通是很少设立图书馆的。有的不过是有限的著名小学,或是附属的实验小学才有。而大多数的组织,是由校长聘请几位教员,组织一个图书馆委员会,然后在委员会之下雇用书记,或派用几个学生担任管理。这种组织似乎在现在很普遍。但是从实际的观察来研究,成效是不甚良好。这个原因,一方面固然是经费的问题,而所选的委员,未必是热心图书馆改进的,也是很大缺憾的。就是有一二个热心的,都未必对于图书馆管理法完全明了。而且最大的毛病,委员会或是大家不负责;或是过于负责,以至意见纷歧,反为不美。至于管理人员方面,因为上面有委员会,办事不能自由,又不得权力,所以效率很低。从前因图书馆尚未成为专门事业,管理人员,完全没有专门学识。所以组织图书馆委员会,或者可以收集思广益的效果。但是现在无论什么图书馆至少要有图书馆专门学识或经验,方能从事。所以委员会是不必要的。至于教职员是热心于图书馆的,随时可以将意见提出贡献于管理员,或襄助他规划进行一切。不必要有委员的名义。现在办理图书馆的,非但欢迎这种外来贡献和襄助;而且很希望全体教职员,都一样的热心来赞助来扶持,这样图书馆方可有向上进展的气象。

图书馆专门人材的培养,是不用在这里叙说。可是事实谈到图书馆管理人选问题,我们实在感觉到专门人才缺乏,影响于图书馆事业的地方很大。所以从理论上谈到事实,现在以为小学校如果设立图书馆,而要收到实效的,自然要以聘请专门人才,而又知道小学教育原理的为上。可是在各方面不能达到这个希望的时候,其次也要找一个学识品格,至少要和学校中的教员一样的平等,而且对于图书馆学多少要有研究的兴趣。虽然没有学过图书馆学,但是至少要将普通的图书馆学书籍浏览过几种,也曾到过几个办理完善的图书馆参观过。而且要懂得儿童心理的趋向,并有改进图书馆的志向的。这是小学图书馆管理的最低限度的资格。若果以图书馆为无足轻重,随便用人去管理,结果只有一团糟,得不到实效的。

管理人员的人数,假定一所小学校,共有学生教职员在二百人左右。估计至少要有管理员一人,助理员一人。要是图书馆开放的时间很长,助理员的人数也要增加一人。学生教职员的人数增加,助理员的人数也要增加。如果助理员改用学生练习,只要不妨碍他们的功课,也无所不可。不过无论人数多少,管理员最好是专任的,不要分心外务。因为精明能干的管理员,断没有嫌图书馆的事务轻易简单,而尤其不可以兼任其他种种的职务。如果要希望小学图书馆的教育化,成为求学的中心,其中要办的事很多,再没有余暇可以去兼职的。

职务　图书馆成为专门事业以后,他所有事务是很复杂繁重。在小学校内,因为组织的范围不大,人员很少,经费有限,职务的分工也比较的少些。就是范围大一点的,小学图书馆最多不过分为总务、选购、管理、编目、指导五项:

(一)总务　会计、庶务、文牍等事项;

(二)选购　选择、采购、登录等事项;

以上(一)(二)两项在小学校中,可由学校方面办理。

(三)管理　出纳、典藏、装钉等事项;

(四)编目　分类、编目、报告等事项;

(五)指导　讲演、集会、解答等事项。

在大图书馆里的事务,自然要不止这五项。但是因为组织上,分为部或股,分别就有专人去负责管理。普通小学图书馆是很难办到的。所以管理员要负全责处理管理、编目、指导的一切职务,至多助理员分担一点出纳,或编目制卡片的事务。

经费　设立图书馆的先决问题,就是经费。普通以为没有经费,固然谈不到办图书馆。但是虽有经费,用之不得其当,也是难以有效。小学图书馆,因为各处地方的情形不同,各校的经济状况各异,并且图书馆也有规模大小的分别,设备也有好坏的比较,很难说一定要有多少经费,就可以办图书馆。如果要照着"大有大做,小有小做"的说法,小学校有了几间小房子,只要布置得井井有条。书架上几十本书,只要能于实用。规模虽小,只要有办理图书馆的诚意。管理的方法,只要合乎图书馆的原则。那么虽无图书馆之形,已有图书馆之实。经费多少,是不成问题的。进一步说,图书馆的发展,不是一朝一夕所能办到的。现在经费支绌,不妨稍为简陋,将来逐渐扩充,也是可以办得到的。所以说只要有诚意去办图书馆,也就是看现在中国教育经费的情形,不必唱什么高调,要办什么规模宏大的小学图书馆。只要切于实用,至少我们初步也可以说成功了。

图书馆经费,普通有三种:即创办费、经常费和临时费。这三种的来源,并不是完全依赖学校的收入做标准。这来源可分为五项:

（一）学校指定的特种基金,

（二）学校经费预算规定的一部分,

（三）学生缴纳之图书费,

（四）教师或家属自愿纳入之捐款,

（五）其他捐款或收入。

图书馆经费,假定在一所小学校,共有教职员学生在二百左右。在中等经济状况之下,开办费大约需一千元,经常费每年八百元,各项开支大略如下:

项　　　　目	价　　　值	总　　　　计
（A)图书费		
1　　总类	一五〇　元	
2　　自然科学	五〇	
3　　应用科学	四〇	
4　　教育	六〇	
5　　社会科学	一〇〇	
6　　语言	八〇	
7　　文学	一二〇	
8　　历史	三五	
9　　地理	三五	
10　　艺术	一五	
11　　杂志	三五	
12　　备用	三〇	七五〇元八折实洋六〇〇元
（B)设备费		
1　　目录柜	六　元	
2　　书架	八〇	

3	杂志架	一八	
4	报架	一八	
5	地图柜	一二	
6	办公桌	一六	
7	玻璃橱	一八	
8	阅书桌	三二	
9	椅	五〇	
10	其他	三〇	二八〇元
（C)用品费			
1	卡片	四五 元	
2	印件	二〇	
3	文具	三〇	
4	其他	二五	一二〇元
总　　计			一〇〇〇元

　　表上所列开办费,预算总额是一千元。以百分之六十做图书费,百分之四十做设备费。其中很有伸缩的余地。比如购书一次,预算书价是七百五十元。以八折计算,实支六百元。购书约两千本,每人平均十册,这是个普通标准。若是经费有限,每人能够有五本以上,也就可以行了。而且学校本来多少总要有点图书,不必完全新购。若加以各界各教职员的捐赠图书,那普通标准,是很容易达到的。至于杂志一项,校内各教员本来要自定一二种的。不妨大家联合起来,各人轮流公开阅览。览毕,仍可收回自己保存。于个人无损,于大众有益,这是很经济合算的事。若能将旧杂志送给图书馆,那么学校方面至少可以减少一些担负。添置新书,也可以照样出资合购,一举两便。要是全校教职员都能联络合作起来,则图书馆不难立即成立,日渐发达。所以有志者事竟成。无论什么事,只要大家有干的诚意,无有不成的。要是学校有了多少图书,已经这笔开办费也可以完全省去。不过最要注意的,图书馆不

是藏书楼。书籍不在多,而贵实用。就是琳琅满架,都是与学生程度,日常需用,格格不相入的,虽多也无用。现在照一般小学校情形看来,大约二百元的新书,是最少的限度。这虽是区区之数,但是都要向学校内支拨,或是要求官厅补助,恐怕不易办到。所以也有向外募捐的办法。自然这种办法是向学生家属方面做起,来得容易。不过最要紧的,是要帐目公开。使捐款的人,一文一钱,都直接叫学生们实得其益。这样他们也乐于捐助。并且由这种学校与社会的合作,可以促进教育的社会化,而有显著的进步。

设备费的四百元,其中也不无伸缩的余地。其中书架八十元,杂志报架三十六元,玻璃橱、花瓶点缀品,都可以酌量情形,有所增减。书架八十元,预算可以藏书五千册。但是开办的时候,一定没有这样多,自然可以少做些。大约五尺高,三尺长,八寸深的书架,每具可藏书三四百册。各校可以根据实在情形,酌量购置。阅报桌若是暂时不用也可以,用报纸夹代之,每只不过二三角。不过管理上,及阅览上的便利,远不如报桌的好。因经济上的关系,也可暂时应付。地图箱、玻璃柜是暂时可免的。办公桌、阅书桌,也不妨向别部借用。或在学校购置项下,逐年开支。所以二百八十元的设备费,开办时不必全数开支。若分两学期,或两学年购齐,那么为数极少,无论什么学校,都想总可以办得到的。又比如圆阅书桌的式样尺寸很好,但是一时因经济关系,本学期可先做四只。其他二只,暂时拿别种桌子凑数。明年再照样添造两只,那么目的可达,不过稍迟一点罢了。至于各种物件的质料式样,与价格也大有关系。表上所开的,都是中等物件。比如椅子一项,平常四方凳,是值四五角。洋式圆的靠背椅子,也不过一元六七角。但是这种椅子,不甚经用。现在所开的是图书馆式的椅子。若用上等橡木制成,每只至少四五元。现在以两元计,已是中下等货了。花瓶、镜架虽列三十元之多,但要布置得稍为优雅,是少不得的。其余窗帘、灯罩、台毯、零星什物等,都包括在内,所以三十元并不算多。

大约二百八十元中,目前至少要有一百元上下,便可以行了。

用品费一百二十元,除文具三十元,杂用二十五元,可以由别处开支外,其余都是不可省的。统计开办费一千元,若因经济困难,不妨分期支付。则开始的时候,大约四百元即可办到。

经常费每月七十三元,每年八百七十六元。大约以百分之五十为薪金,百分之三十为图书费,百分之二十为办公费。这也是普通图书馆的标准。各项开支如下:

经常费预算表

项　　　　目	每　　　月	每　　　年
(A)薪俸		
1　薪俸	四〇.〇〇　元	四八〇.〇〇　元
(B)图书费		
1　图书	二〇.〇〇	二四〇.〇〇
2　杂志	三.〇〇	三六.〇〇
3　装订	二.〇〇	二四.〇〇
(C)办公费		
1　印件	五.〇〇	六〇.〇〇
2　文具	二.〇〇	二四.〇〇
3　杂费	一.〇〇	一二.〇〇
总计	七三.〇〇	八七六.〇〇

经常费预算表,每年八百七十六元,看来好像很大,但是也不难筹划的。薪金四百八十元,每月四十元。若是学生二百人,照例应当有一个专任的图书馆管理员。若以中学毕业的资格,并研究图书馆专门学一年以上的,每月四十元,在现在底情况下,也不难罗致。若是不用专任的人,那么请一位教员兼任,另请一个助手,也可以办到。每月四十元,也可足用。这笔薪金,自应在学校预算内规定。如果有学生二百人的学校,这一笔款总可筹得。至于图书办公费每年三百七十六元,若学生每人每学期缴图书费一

元,则年可得四百元,已绰绰有余了。

图书馆办公费,要能完全独立,每年有这一宗收入,应该完全用在图书馆内。不能因学校经济状况,发生影响,以至迁移挪用。即使全校经费支绌,教职员薪水欠发,而购书费不能因此止付,仍须继续添增。如此每年所入虽少,而日积月累,必有可观。所以图书费,应由学生缴付,完全独立,原意在此。至于学校经费,稍有充裕,另行拨款添购,那是更好。要知管理员是为着图书而设立的。而图书馆范围不是日日扩充,单是守着几本旧有书籍,岂不薪水虚费?现在有许多学校图书馆,因为经济关系,无力购书,而馆员无事可办,在在皆是,这是教育上很大的缺憾!

在图书馆经费得到独立的时候,就是图书馆事务可以谋发展的机会。办理图书馆应当深切注意的,不仅是经费的增加,同时各项手续的确定,是颇关重要的。因此,关于预算决算的编制,在图书馆经费项下,应当是先决的问题。其次,关于经费稽核的公开,以及单据簿册之整理,也可以促进事业的进步。所以说到图书馆经费,直接固然影响于图书馆行政,但是图书馆经费的本身问题,必定也要清楚,而有条理,才有实效。

规程　小学图书馆的规程,只要贵在严密,绝不在繁琐。因为一般的儿童,知识浅薄,行动习惯,均未达到熟练的地步。如果有了繁琐的规程,对于他们不但不易了解,而且反易束缚图书馆一切的进步。所以在订定规程的时候,应当注意几种原则:

(一)条文须求简单明白。

(二)斟量一校的情形,而定使其进行时,绝无妨碍。

(三)各项规程,须注意其普遍性,不至偏重于局部。

(四)规程订定后,有效时间要比较的长。

(五)教职员要首先遵守,不可自破其例。

(六)规程修正时,须郑重考虑。

小学图书馆的组织,是比较的简单。所以一切规程,只要对于

16

图书馆行政有效，不必订的太多。除了组织大纲，办事细则，是与一个整个学校的组织和权能，恐有冲突，并且有办理事务手续上敏活起见，必须较详外，其他如借阅、征书、集会、奖励种种规程，只求合于原则。而能实在奉行，行之有效，也就不必看得太严刻了。并且这种规程，大多是要看小学校各项环境而定的，他的内容是不能确定的。

问题

一、小学图书馆内部组织如何？

二、怎样定小学图书馆管理人员的任用标准？

三、怎样养成合格的管理人员？

四、试说明小学图书馆职务确定的方法。

五、小学图书馆经费的来源如何可以开阔？

六、小学图书馆经费以用什么方法分配为最善？

七、试就一个小学校，有现成的馆址，用四百元做为图书馆的开办费，如何设计才能支配妥善？

八、试拟一个小学校图书馆的借阅规程。

参考书

蒋镜寰　《小学图书馆实施法纲要》《江苏省立图书馆馆刊创刊号》

陈长伟　《小学图书馆组织法》《图书馆学季刊》　二卷四期

张九如　周蠡青　《可爱的小图书馆》　上海中华

洪有丰　《图书馆组织与管理》　上海商务

马宗荣　《现代图书馆经营论》　上海商务

杜定友　《小学图书馆问题》《中华教育界》　十五卷十二期

Hunt, C. W. : Library Work with Children. A. L. A. , 1924.

第四章　小学图书馆应有的馆舍和设备

馆舍　现在一般的小学校,很少能有独立的图书馆舍。大多是辟校舍的一二间,做为馆址。所以馆舍建筑问题,在这实际的情形中,只要能适合下列几条原则,不论其是否有独立的馆舍,未尝不能满足我们的需求。这几条原则是:

(一)位置　要占全校之中心,而以环境清静宽广为最好。

(二)方向　最好是东南向,南向亦可。北向是最不宜。

(三)结构　要坚固、适用、美观、合卫生,而能扩充。

(四)设计　预计藏书的数量,规划各部地位,而以通光线处相间隔。

(五)装置　要能防湿、避灰尘、通光线。如系特别建筑的,还要注意防寒、防暑的装置。

馆舍的大小,固然要看经济的状况而定,但是普通的标准,大概是依一个全校有教职员、学生二百五十人左右,那末图书馆的大小,至少要能容百分之十的人数。再小就不行了。现在依这个比例,假设全馆能容二十五人馆舍的大小,以每人占三十方尺计算,至少要有七百五十平方尺的面积,最为合度。不过形式方面,有几种普通的样子:

（一）一室式　普通小学图书馆的馆舍,最好是采用书库公开制度(或称开架式),所以在三面近壁,配置书架,中央置桌椅,以做阅览场,开边门出入,入口置办公桌,管理出纳,另置展览架一,放置新书,可供儿童参考,其式样如下。

小学图书馆馆舍平面图

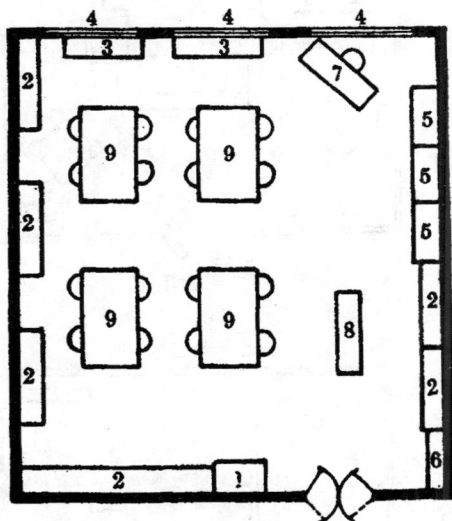

1 目录箱	6 地图箱
2 书架	7 办公桌
3 杂志架	8 展览架
4 窗口	9 图书桌
5 报纸架	

比 例 尺　5 呎　10 呎

（二）二室式　两室有二种不同的式样。都是由书库同阅览室两部而成。利用阅览室的一部,设置事务室和出纳处。式样如下:

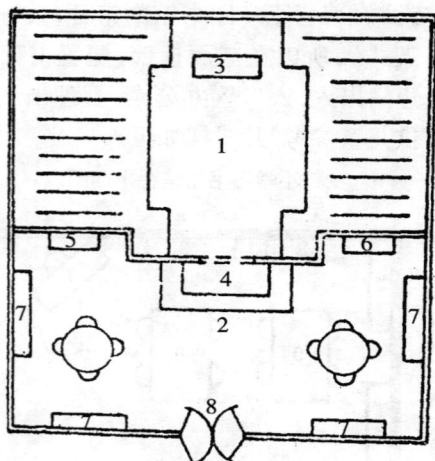

二室式甲图

5 呎　10 呎
比　例　尺

1 书架
2 阅览室
3 事务桌
4 出纳处
5 目录柜
6 报架
7 杂志架
8 入口

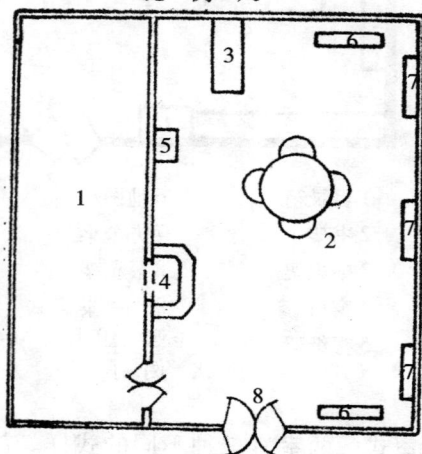

二室式乙图

5 呎　10 呎
比　例　尺

设备　馆舍妥定以后,馆内一定要有相当的设备。这设备所有的用具,一定要坚固合用,能得适当的尺度,不至妨碍儿童身体的发育。随用途的处置,并且能因地制宜,经济省费。

用具的种类很多,购备的时候,自然要看经济的能力大小和需要而定。现在紧要的如:

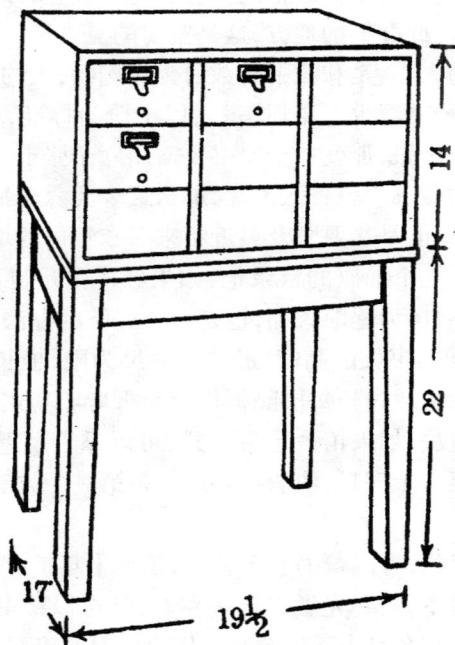

目录柜

（一）目录柜　目录柜应放在入门和出纳处附近的地方,以便检寻书籍者,一进图书馆门,即可得着目录。这因为有的时候,有许多阅者,专到图书馆来找寻某书。若是图书馆内没有,他就转身走了。若是目录柜设置的地方不便,或者是要经过其他读者,方能达到的，那么非但找书的人不便，而且还要惊动他人，所以目录柜要放近门口。目录柜一方面接近出入的地方，一方又和管理员出纳的座位很近，这是一个优点。因为阅者找寻目录的时候，或者有什么疑问，或是找不到某一本书，那么管理员即当帮助他找寻，或介绍相当的书籍。而且管理员有什么编好的新书目录，和撤消的旧书目录，也时时要去目录柜内检查，或抽插。所以目录柜要设近管理员的座位，或办事的地方，这是紧要的。

目录柜的大小，是和藏书的数目为比例的，大约在员生二百人的学校，一共藏书至少二千册，每人以十册为标准，假设十册所用的编目片为三十张，那就二千册书要需用六千张卡片，因为目录柜每一个抽屉约藏一千三百张卡片，那么最少要六个抽屉，方能容纳已有的编目片，但是又要顾及最近将来一二年内的增加新书，所以最好先做一个九个抽屉的目录柜，如果经济不足也可以先作一个六抽屉的，以后再为逐渐添加，也是一个经济的办法。

（二）书架　书架的高度，最多以六尺为限，横长虽不一定，大概以三尺为标准。过长每层隔板很容易折弯。其式样如下：

书架制造法，如果馆舍是第一式，可以靠着墙壁做去，或做成三尺长的书架二十五只，依墙排列。但是第一个方法较为经济，较为美观。

书架的容积，可以藏书五千余册，足够十年扩充之用。所以目前不必完全做备，只要先做三十尺左右，已可以藏书二千余册，足够目前之用。其余可以逐渐添加。图书馆是日渐扩充增进不息的事业，所以一切计划都留有扩充的余地，若是单顾目前的境况，对于将来扩充，不留余地，则于办事上必感困难。所以现在有许多学校图书馆，至多一两年就要迁居一次，就是这个缘故。

图书馆的扩充，对于图书和阅者都要同时顾到。但是阅者的增加率很低很慢，而图书的增多必较快。因为学生有毕业而离校的，有未毕业而离校的。年年都是来来去去，但图书一进了门是很少退出的。所以增加的速率较大,余留的扩充地位也愈大。

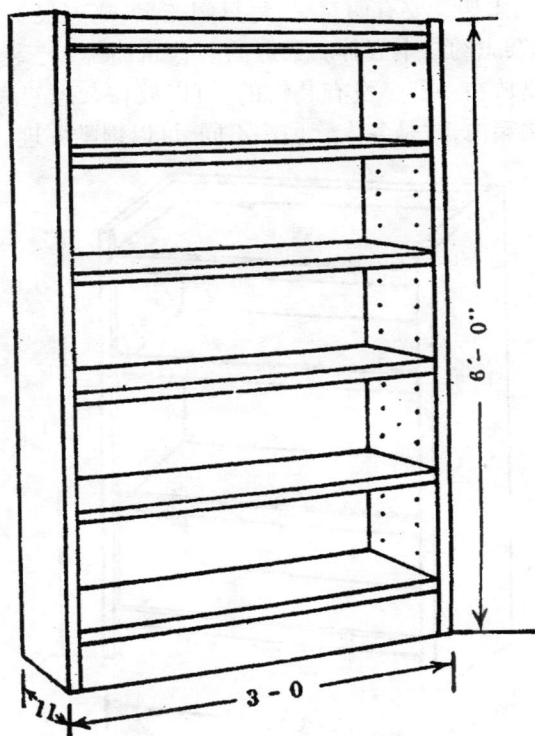

书架

图书的陈列,可分为三大部分。第一部分,藏各种参考书,如字典、辞典、百科全书、年鉴等,以便随时取阅。而且有许多人专为了一个字一段事而来的,查了一查,即便离去。所以要靠在靠近门口的地方;第二部分,藏普通阅览书籍,或放在书库里,或距门口最远最肃静的地方,可以循回细诵;第三部分,专藏教员用书及新到而未编或已撤消的旧书,学生不易经过,且接近办事人,可以取置便利。

　　（三）杂志架　要有两三只,每只阔三尺,高五尺一寸,分为四格,共可藏杂志约二十五种。最近的杂志,旧杂志,已装钉成册的,可以和书籍放在一起。没有装钉的,可以放在杂志架底下的两格或放在杂物箱内,这是各人管理法不同,可以斟酌办理。

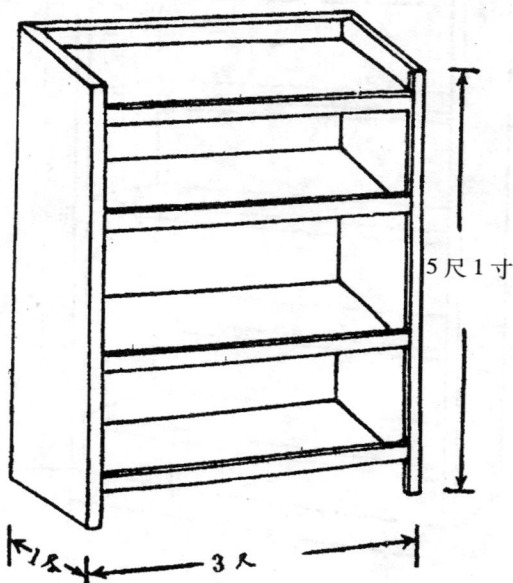

杂志架

　　（四）报纸桌　桌长十二尺,可以容报纸四份,展开阅览。桌高约四尺,桌面阔三十六寸,斜约三十度。每份报纸中间用铜梗钉压,可以左右翻阅,而不至移动。平常的图书馆,大概是用报纸夹的。报纸夹对于阅者,极为不便,看时甚为吃力。且报纸易于损坏,所以要用阅报桌。但是不很普通,和很少人看的报,却是可以用报纸夹夹起的,并且较为经济。从上面看来,可见馆内,虽然没

24

有分出什么杂志室、办公室、参考室、阅报室,但是各部分仍是井然划分,形状整齐。而且一个管理员,已可照顾全部,比较划分为数小室的经济便利得多(见下图)。

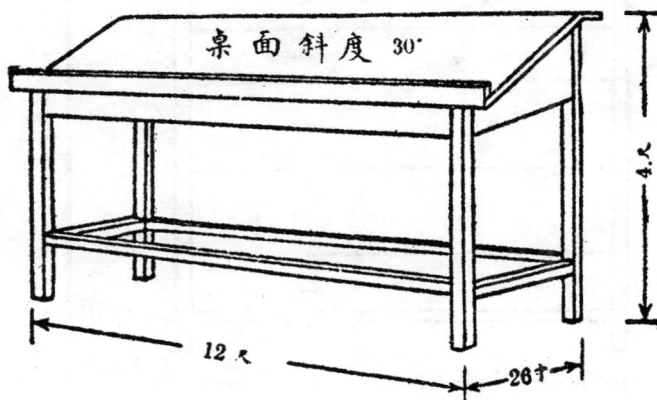

报纸桌

(五)地图杂件箱 地图杂件箱系特制之木箱一个,大约四尺高,六尺长,一尺宽。上面两格抽屉,安放大地图,及图画表册等件。中间两格,安放珍藏书籍,及学生不应阅览的书籍,如算术答案等书。最下一格,可以安放卡片杂物等件,接近办事员,可以取舍便利。

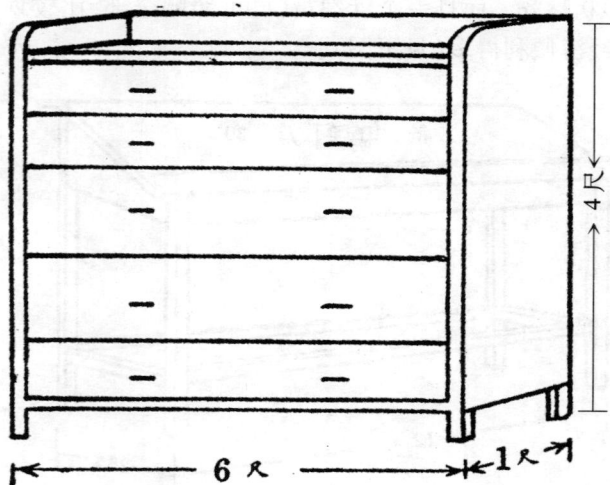

地图杂件箱

(六)办公桌 阔三尺四寸,长六尺,各抽屉均需特制,以便安放各种卡片,如借书卡、登记卡等。一面临时安放书籍的地方,以便学生还来的书籍,或正在编目的书籍,可以暂时放在那里。

管理员要坐在近门口的地方,有三个理由:一可以看见馆内的人的出入;二便于借书人的借书还书;三便于入馆询问书籍或参考事件。至于管理员的位置,是较近于教员用书和参考书,较远于一般用书和杂志,也无非是为双方便利起见。所以管理员的位置,是很要紧的,他是全馆主要人物。

(七)展览柜 图书馆内往往有许多模型标本,要随着图书并用和参考的,可以放在柜内。柜高约四尺,长五尺,面和四边用玻璃门,可以透视柜内物件。柜内最好向两面稍斜,中间有平板一块,可以安放新到书籍,或特选书籍,和其他告白图画等,以引起阅者读书研究的兴味。若是不用展览柜的,可以添加一张圆桌,多坐四五个人。

办公桌

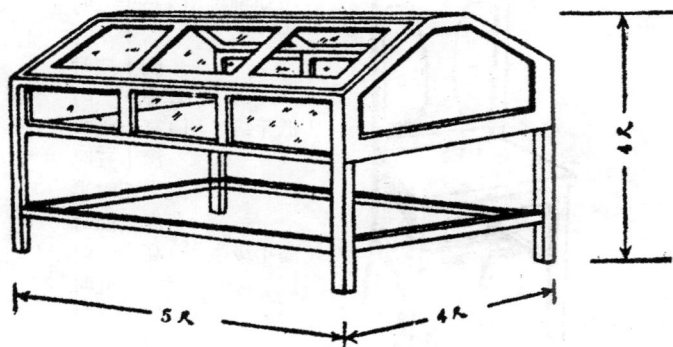

展览柜

（八）阅书桌　最少要有四张,椅子最少要有二十四张。连同管理员同时要能容二十人。各桌相离,至少有四五尺,所以极为宽畅,桌面圆形直径长四尺。桌椅的高度,因儿童年龄的差异,最好是分两三组,依表制定。同时每桌能容五人至六人,若是将来阅者增加,可以将书桌再添两张。所以全馆可以扩充至三四十人,不至

阅书桌

（幼稚生用）高十二吋
深十一吋
阔十二吋
背高十二吋
（低年级生用）高十六吋
深十三吋
阔十四吋半
背高十四吋
（高年级生用）高十七吋
深十五吋
阔十七吋
背高十六吋

阅书椅

于过于拥挤。这个计划,除学校有骤然的变动之外,可以有充分的扩充之余地,这是创办图书馆时所要注意的。

(九)揭示板　要用漆色的木板或架绒毯制的,挂在入口的附近。不可放得太高,以便各种时事或布告,让儿童自由去看。

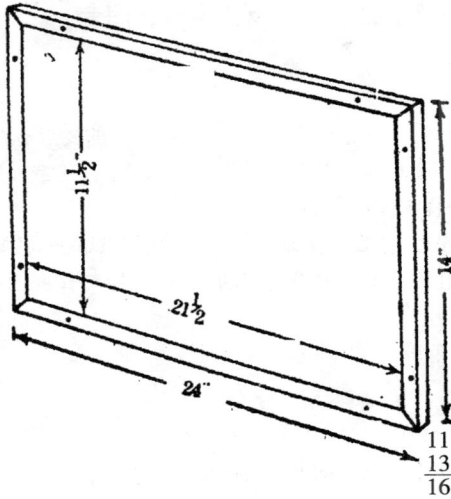

揭示板

其他各种文具,以及卡片簿籍等等,可以视需要而定,参考第七章、第九章,这里不再详说了。

当用具陈设的时候,最要注意到清洁、整齐、雅致、安静这四点。因为这不但是对阅者的精神上得愉快,同时身体上,卫生上,也可以获得安适和利益,而使图书馆成为最优美的中心,现在将应有的陈设和要点,简略的写在下面:

(一)馆外宜栽植花木,

(二)室内墙壁须净洁,

(三)阅书藏书的地位要饱受光线,

（四）地板宜铺软席或地毯,免有鞋声,扰乱儿童阅读,

（五）装饰品不要多放在桌上,

（六）各种用具宜避免锐利突出的尖角,

（七）通风换气的设备要多,

（八）利用墙壁张挂画片及儿童教育图表。

问题

一、怎样设计建造一个小学图书馆,应当注意的要点有几?

二、假定有一个小学校有教职员约三百人,预备建造一座一室式的图书馆,你怎样支配内部的布置?

三、建筑和设备,注重在美观上就能有效吗? 试说明其要点。

四、试举出几种儿童图书馆所用的家具,和他与普通图书馆所用家具不同的地方。

参考书

杜定友　《学校图书馆学》　上海商务

杜定友　《小学图书馆问题》　中华教育界　十五卷十二期

洪有丰　《图书馆组织与管理》　上海商务

张九如　周蠹青　《可爱的小图书馆》　上海中华

蒋镜寰　《小学图书馆实施法纲要》《江苏省立图书馆馆刊创刊号》

马宗荣　现代图书馆经营论　上海商务

Marvin, C.：Small Library Buildings. A. L. A.,1908.

Hadley, C.：Library Buildings. A. L. A.,1924.

Eastman, L. A.：Furniture,Fixtures and Equipment. A. L. A.,1916.

第五章　儿童读物的研究

儿童读物在教育上的价值　在儿童本身方面,固然需要读物,同时在教育的立场上,儿童读物,也是十分重要的。这在第一章小学教育与小学图书馆里,也曾提到关于小学图书馆价值的几点,供为参考。因为儿童读物,负着教育的使命,去训导儿童。还可以使他们循着正当的途径:(1)满足精神的活动,(2)启发社会情绪,(3)调剂现实生活。这都是很显著的价值,兹特分述于下:

（一）满足精神的活动　儿童到三四岁时,看见一只鸟雀,就会想到:鸟雀是不是也有母亲? 也有妹妹弟弟? 看见一座钟,就要问人家:钟的摆怎么会动? 怎么会叫? 要吃些什么? 像这一类的问题,我们常常从许多可爱的儿童口中,听得到。他们在这个时候,精神的活动,渐次开始。想像力也很发达。因此,他们无论看见一件什么东西,就会联想到许多有趣的问题。但是我们童心消失的成人,素来是蔑视儿童的。对于他们问题,总认为是幼稚的,无意识的,多半置之不理。万一高兴时也只是老气横秋,给儿童几句不相干的回答。像这般把儿童活泼泼的想像力,横加摧残,在儿童的精神上,固感着十分的不愉快,使他们变做精神发育不健全的儿童。在教育的效能上,便受了一个很重大的损失。现在我们要挽救成人历来对儿童的错误,赔偿教育上的损失,最好是利用儿童读物。如童话、歌剧等,以满足儿童精神活泼的要求。使想像的嫩秧,能够在他们活泼新鲜的脑内,开出许多美丽的花,结成许多鲜艳的果。

（二）启发社会的情绪　儿童的情绪，本来非常嫩弱简单。什么叫做是非和善恶，在他们是很模糊的。因为他们很少和各色各样的人物去接触，很少经历各色各样的环境。对于社会经验，当然非常生疏缺乏。因此社会中，各种实际的关系，他们都没有伦理的观念去判断。假使突然遇着一种变异的环境，便不能应付得当，以至陷于迷误和危险。在儿童读物中，常常把社会各种关系，很简明的、正确的，告诉儿童。使他们知道，世间有仁慈、勇敢、诚实、忠毅、残酷、奸诈、懒惰、滑稽，种种的人物；有清高、卑污、质朴、奢华、贫苦，种种的环境。在他们接受这许多不同的人物和环境时，自然会发生羡慕、钦佩、爱好、恐惧、怜悯、厌恶，各种情绪。在教育的使命上，我们应该一方发挥儿童的优美性，一方抑止儿童的恶劣性。所以读物中，对于残酷、奸诈、卑污、奢华一类的叙述，必须斟酌措辞。如刺激性和诱惑力过强的描写，是绝对不宜的。有些好的读物，更可以助长儿童优美的同情心。使他们知道父母师长，是怎样的劳苦育养。兄妹朋友是怎样的诚挚可爱。劳动者是怎样的不幸。残废者是怎样的痛苦。像以上各种关系，儿童是很难直接经验和了解。全赖好的读物去启发他们，指示他们。使他们的情绪，能够照着正当的途径去扩展。

（三）建设优美的品性　儿童最好活动，父母师长无论如何，不能时时刻刻跟在他们的身边。因此他们有些越轨的行动。就有时候防范不到，最好是借优美的文学，去陶冶他们。使他们自己会养成良好的品性。并且利用优美的文学，去陶冶儿童，较之父母师长的教训，还要更有效力。因为父母师长的教训，多半是采用一种明显的，直接的警戒式。使儿童接受这种教训时，只感到恐惧束缚种种不愉快的印象。脑内的容纳性因受此微弱教训的效力，也就消失了。至于优美的读物，完全不带一点强迫教训的意味。只是用丰富的情调，美丽的文字，编成儿歌童话故事等去暗示。一些好的模范和教训,使儿童自然会用快悦的心情去接受,去模仿,去改正他们不良的品性。这种具有暗示力的读物,在教育上实有很大的贡献。

(四)养成自动的学习　从前的儿童,总把读书认做是一件苦事。必须大人用种种拘禁的方法,强迫他们去读。然而越加强迫,他们越怕读书。所以有许多儿童,就常常逃学怠读。酿成这种现象最大的原因,便是读物本身太枯燥乏味,不能引起儿童的兴味。再加之成人不懂教育的原理,只知一味的强迫惩罚,像这般读书,不但对儿童,毫无益处,且阻碍儿童身心的发展。现在要矫正这种错误,不是消极的让儿童不读书,就算了事。必须积极的去编制以儿童为本位的读物,来供给儿童,使儿童觉得书是可爱的,自己愿意去读,喜欢去学习。那末人们既可少费无益的精神去强迫儿童,儿童也再不会把读书认做是吃苦的事了。

(五)调剂现实的生活　喜新厌旧的本能——好奇心——在儿童时期便已发达,同时儿童的精力也非常旺盛,性情也非常活跃。所以他们除想出各种游戏来消耗过剩的精力以外,还是容易做出越轨的行动来,散发他们活跃的性情。否则他们便感到现实生活是干燥无味的。我们现在要使儿童过剩的精力,和活跃的性情,用在正当的途径上,最好利用优美的读物,去调剂现实的生活。使他们的精力有了寄托的地方,越轨的行动自然便会没有了。

办理小学图书馆的,不但对于儿童要认识。最要的,还是判明某种读物是适合于儿童的需要,某种儿童应该阅读某种的读物。所以我们应当一方面审定读物的内容,二方面要顺着儿童的习性,选择读物(详见第六章)。认识人类的儿童时期,为最欢喜学习新事物的时代,也是容易受教育的时代。应当利用种种方法,引起儿童读书兴趣,以达到小学图书馆活用的目的。

什么是儿童的读物　儿童读物,不仅仅是儿童文学,不仅仅是儿童参考书。它的范围很广,即成人读物以外,凡是一切供给儿童书籍的,不论它是图画或是诗歌,或童话,或故事,都可以说它是儿童读物。有了以上的定义,我们知道儿童读物,不论其为专门的,科学或历史的读物,凡是供给儿童的读物,从教育原理上说,都要儿童化、文学化。因为儿童的特性,与成人不同,所以读物的本质,两方面也差别很大,现在依儿童读物的性质,可以说:

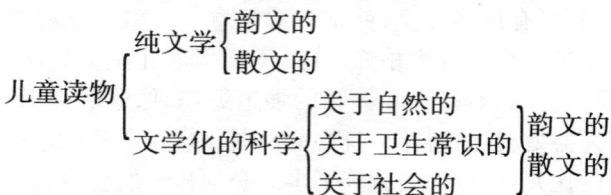

```
              ┌ 纯文学 ┌ 韵文的
              │        └ 散文的
儿童读物 ┤                   ┌ 关于自然的      ┌ 韵文的
              └ 文学化的科学 ┤ 关于卫生常识的 ┤
                               └ 关于社会的      └ 散文的
```

上面这个表,是说明儿童读物,有属于纯粹文学的:如韵文的诗歌等,和散文的小学故事等一类。有属于文学化的科学:如关于自然的故事,关于社会的故事,这些都是科学的材料。用故事,或是童话,或是诗歌,或是剧本,把他描写出来,就是把科学的材料文学化。一定要这样才可以不致枯涩无味,才能引动儿童的观感。

儿童读物的类别　上述的图表,是从儿童读物的本质上分类的。若依它种类来分,就有以下的十九种:(一)儿歌,(二)童谣,(三)民歌,(四)笑话,(五)童话,(六)神话,(七)神仙故事,(八)故事,(九)自然故事,(十)诗,(十一)谜语,(十二)谚语,(十三)寓言,(十四)歌剧,(十五)剧本,(十六)小说,(十七)传记,(十八)论说,(十九)图画。

以上这十九种的儿童读物,他们各有各的特点,各有各的性质,现在不妨把这十九种儿童读物的约略说明如下:

(一)儿歌　都是一些音节很好的。它的内容,似乎有什么意义,同时又没有什么意义。就是一种没有意义的美术品,为一般年龄较小的儿童所爱听,甚至于爱唱的。

(二)童谣　童谣也是一种与儿歌相类似的歌谣。它的意义,是在可捉摸与不可捉摸之间。通常多是一种关于政治的问题,借儿童的口吻传述出来。因为儿童是没有法律责任的,所以多半含着有讽刺的意味。

(三)民歌 这是一种有故事,有风格,能动人情感的歌曲,流行于民间的。这一类有的有地方的色彩,有的是普遍的。除去一部分不适宜于儿童的,和太高深的民歌之外,大部分多是可以供给年龄较高的儿童学习的。

(四)笑话 是一种很刺激感情的材料。他可以帮助儿童理智的发达。有的是取巧的,有的是形容过分的,有的是自己寓言的,有的也含着有一种教训的,有的是没有什么意思的。

(五)童话 凡是凭空构造的,实际上决不可能的,描写荒唐鬼怪的,都称作童话。不过这一类的材料,虽是最能迎合儿童的心理,可是总要使儿童不要信以为真,而能引起怀疑才好。

(六)神话 这多半是一种民间的传说。对于某个故事,加以附会,而归之于神怪的,都可以算作神话。

(七)神仙故事 这也是与童话相类似的。而含着以神仙为主体的,都是重在有趣味,教儿童爱听爱读。而同时又要能使儿童怀疑,不信以为真才好。

(八)故事 凡自古以来的传说,或新创的,只要他是能合乎人情,在事实上可能的,都可称作故事。他是有思想的,有情感的,如果偏重文艺方面,就是小说。若是过于荒唐无稽,就流入童话、神话、或神仙故事。所以故事的特质,是比较切实的,使儿童感到实际的生活。

(九)自然故事 把自然界的许多现象,或动物和植物的生活情形,用一种合乎儿童的心理,并且富有想像的文字,描写甚有趣味的故事,或是做成韵文,或是做成散文。使儿童于欣赏之外,还可以无形之中,增进了关于自然的知识。

(十)诗 这是一种纯文学的材料。大抵音节自然,和谐有韵。使较大的儿童,百读不厌。诗的内容,是合乎儿童的意识。诗句的组织,都能适合儿童语法的程度。所以诗的种类,虽然很多,但是要在上述的范围之内,才可以算得是给儿童欣赏的。而诗与歌谣不同的地方,是在于它的内容,有意义,有音韵,且是纯文学的。

(十一)谜语 将一切自然的现象,和日用的事物等等,用一种有韵的诗歌,把它描写出来,而叫儿童去猜想的,叫作谜语。它的特质,在能启发儿童的想像和增进儿童的思维力。

(十二)谚语 这是一种由经验得来的,自古相传的,含着一种道理,或是教训在里面。对于儿童也有相当的益处。不过这一类的材料,单独的用,似乎少兴趣,过于空泛。最好是用在诗歌里,或是故事剧本的首尾,比较的有意义,而且着边际一点。

(十三)寓言 是一种故事,而含着有讥讽,或教训与劝导的意义的。使阅读者能感到里面所隐示的道理,或教训。这一类的读物,可以使儿童增进思维力,并启发思想。

(十四)歌剧 这是一种应用到舞台上的优美的戏剧,对于儿童亦可说是一种音乐与舞蹈的联合教材。儿童最富活动性、模仿心、与好奇心。所以一种读物,能够使儿童们模仿着去做唱,他们是能够特别感着有趣,而且兴奋的。同时在表演的时候,无形之中,儿童得到了许多新颖的知识,学习了交际的仪式,练熟了美丽的词令。所以好的儿童歌剧,他一定是儿童化、艺术化、文学化。既可以使儿童吟诵,又可以教儿童歌唱。所谓分开来,是音乐教材。合起来表演,便成歌剧。这一类的读物,大部分是要成人去指导儿童的。对于美化儿童的人生,是有很大的力量的。所以在儿童读物里,他是占一个很重要的位置的。

(十五)剧本 与歌剧不同的一点是:歌剧是一种歌舞的乐剧,而剧本是一种白话剧,但都是可以表演的。差不多有很多的材料,如童话、故事等等以至于笑话,都可以编作剧本,使儿童练习表演。因为儿童有一种知之即行的性格,一件事情给儿童知道了,他

36

们就感到：最好能即刻亲历其境的去表演出来，而这表演的优点，就是使儿童对已经知道的事情，更加增了记忆的印象。也就是从儿童读物之理论的想像，而趋于实际的途径。

（十六）小说　短篇小说叫 die Novelle，长篇小说叫 der Roman。他的特质，与故事不同的，是偏重于文艺。故事是只在把这丰富的故事描写出来，而小说他不一定要有很多的故事，他完全是凭着高远的理想，用文艺的词藻，把他烘托出来，使儿童欣赏美的文字，而陶冶他们的情感。只取其中一段最美的，就是短篇小说。有首有尾，情致一贯的，就是长篇小说。

（十七）传记　die Geschichte，就德文的意义说，可以译作故事，也可以译作历史。而它与故事不同的，是比故事实在，不像它们怪诞附会。而又不是整个的枯燥无味的历史，它是有丰富的故事，文学的风格，能动人感情，而又不是信笔虚构，是实有其事的。

（十八）论说　专就某人、或事、物，发表一种思想，或是意见，或者是就事推理，或者完全是一种理想的论列，都叫作论说。这一类的读物，通常在十二岁以内的儿童，是不大相宜的。可说他在儿童读物之中，只占了一个几乎接近于零的很小的位置；而在少年时期占较重要的位置。因为儿童的进一期就是少年，所以在儿童期内也不妨供给一些较浅显的论说，使它成为一种由儿童至少年的过渡读物。

（十九）图画　图画是用来描写事物的，有的是用绘画简单发表出来的，有的或是用像片照出来的。这种刊物是最容易引起儿童的兴趣。如果我们能够利用得当，对于儿童所得的效果，比书本要来得大。并且这种刊物，除了图画内容的性质对于儿童年龄有差别外，关于像片差不多是任何年龄都是发生兴趣的，所以应当认定在小学生时代的读物中，图画、像片，要视为很重要的材料，关于这一类的画报，或是像片，应当多多的选择，注意图画和像片内容的事实。用了浅显地说明，而后更可以使得小学生，得到许多意外的收获,这种意外的收获,必能使儿童得到深刻的印象。

以上这十九种,系就这篇材料,已成的形式而言。若是说到这些材料的本质,并不若是的拘形,并不是一成不变的。寓言可以做成笑话,或是故事。诗歌、故事,过于荒唐怪诞,便成了童话、神话;过于文艺便变成小说。而童话、故事、小说、传记等等,大部分是可以编成剧本或歌剧来表演歌舞的,同是一个材料,因为儿童年龄的高低,可以把他编成不同的读物,以去适合儿童的能力。如一个故事写得详一点,是长篇小说,短一点便是故事,再浅显一点就是故事诗或故事歌,而适用到低年级的儿童,可以把他做成故事画。

儿童参考用书　儿童参考书的范围,在平常人看来,不过是几本字典、辞典而已。不知各科有各科的参考书,种类很多。兹将各类列表如下,至于各类的内容,都可以顾名思义,不必详细的解释。现在为分类便利计,暂分为普通与特殊的两大类:

（一）普通的:

（1）字典类。

（2）辞典类。

（3）丛书类。

（二）特殊的:

（1）日用类。

（2）理科类。

（3）历史类。

（4）地理类。

（5）博物类。

（6）卫生类。

（7）游艺类。

（8）文学类。

现在为办理小学教育,和小学图书馆之便利计,略选参考书数十种,以做选用的标准。但其中也有成人与儿童合用的,也有并非专为儿童而编的,只是没有其他相当的书,此刻不得不借用的。

(1)字典类:

《中华注音国语字典》	中华	.40
《英华合解辞典》	商务	2.50
《国音小字典》	中华	1.00
《国音字母发音图》	商务	1.00
《国语学生字典》	中华	1.20
《实用学生字典》	商务	.40
《汉英新辞典》	商务	8.00
《学生小字典》	广益	.40
《学生词典》	商务	2.00
《双解标准英文成语辞典》	商务	1.50
《四角号码学生字典》	商务	.60
《国文成语辞典》	商务	2.50
《作文类典》	中华	2.00

(2)辞典类:

《中国人名大辞典》	商务	8.00
《外国人名地名表》	商务	1.60
《辞源》	商务	5.00

Brewer, E. C.: Reader's Handbook, Lippincott. ＄5.00

Champlin, J. U.: Young Folk's Cyclopedia of Common Things.
Holt. ＄3.00

Champlin, J. U.: Young Folk's Cyclopedia of Persons and
Places. Holt. ＄3.00

O'Shea, N. V.: World Books. Quarie. ＄46—

Smith, E. F.: Dictionary of Dates. Dutton. ＄0.40

(3)丛书类

《少年百科全书》	商务	30.00

《平民小丛书》	商务	.015
《百科小丛书》	商务	15.00
《儿童百科丛书》	中华	.05
《儿童常识丛书》	中华	.08—.10
《通俗教育丛书》	商务	.10—.35

（4）日用类：

《日用百科全书》	商务	10.00
《中国年鉴》	商务	4.00
《中国教育指南》	商务	.50
《常识谈话》	商务	.08
《中山全书》	各书店	2.00
《新发事物发明史》	商务	.08

Kelly, L. E. : 300 Things a Bright Girl can do. Estes.

$ 1.75

Kingsley, R. : Just so Stories Doubtday.　　$ 2.00

World Almanac, N. Y. : World Co.　　$ 0.75

（5）理科类：

《少年自然科学丛书》	商务	.60
《五彩理科挂图》	商务	14.00
《儿童理科丛书》	商务	.05

Holland, R. S. : Historic Inventions. Jacob.　　$ 2.00

Ingesoll, E. : Book of the Ocean. Centry.　　$ 2.00

Martin, M. E. : The Friendly Stars. Harper.　　$ 1.25

（6）历史类：

《少年史地丛书》	商务	.30 - .35
《中国历史问答》	商务	.25
《世界历史问答》	商务	.20
《儿童史地丛书》	商务	

《万国十大富豪》　　　　　　　中华

《时人传记》　　　　　　　　　各大书坊出版

《历代兴亡图》　　　　　　　　商务

Eggston, E. : Stories of Great Americans. A. B. C.　　$ 0.60

Holland, R. S. : Historic Hand Book. Jacob.　　　　$ 2.00

（7）地理类：

《中华新地图》　　　　　　　　商务

《世界简明地图》　　　　　　　商务

《新法儿童中国游记》　　　　　商务

《新法儿童世界游记》

Blaiodell, E. A. : Child's Life in Mands. McMillan.$·0.36

Bowmen, J. : The New World. World Book Co.　　$ 4.00

（8）博物类：

衣食住

参见日用类：　　　　　　　　　商务　　　　　.30

Miler, O. T. : First Book of Birds, Houghton.　　　$ 0.90

Heffer, C. A. : Nature Stu'dy on the form. soil and Plants A. B. C.

　　　　　　　　　　　　　　　　　　　　　　　$ 0.65

Richard, L. E. : Fourfeet, two feet and no feet, Estes.

　　　　　　　　　　　　　　　　　　　　　　　$ 2.00

（9）卫生类：

《小本卫生丛书》　　　　　　　中华卫生教会

《儿童卫生宝鉴》　　　　　　　中华

Brown Hygiene for Young People.

（10）游艺类：

《社交实用游戏法》　　　　　　青年会

《儿童工艺丛书》　　　　　　　商务　　　　　.60

《儿童手工丛书》　　　　　　　商务　　　　　.80

| 《儿童军用书》 | 商务 | .20 - .40 |
| 《体育丛书》 | 商务 | .26 - .60 |

Adams, J. H.: Harper's Indoor Book for Boy's $ 1.75

Adams, J. H.: Harper's Outdoor Book for Boys. $ 1.75

Beard, Lina. Indoor and Outdoor Handicraft and Recreation for Girls. Scribner. $ 2.00

Hofmann, N. C.: Games for Every Body. Mudge. $ 0.50

(11)文学类：

| 《各省童谣集》 | 商务 | .25 |
| 《儿童文学丛书》 | 商务 | .05 |

其他文学过多，从略。

Jay and Edton: Use of Books and Libraries, Boston Bk. Co.

$ 3.75

Holt, J. K.: Cyclopedia of Practical Quotations. Funk.

$ 7.50

Marshall, H. R.: Child's English Literature. State.

$ 2.50

儿童读物的检讨　凡是小学教育界的同志，谁都感到儿童读物缺乏，目前坊间出版的读物，能适合中高级儿童的，还可找寻得出若干种，然欲求适合低级儿童的，真是凤毛麟角不易多观了。现在看到目前儿童读物的缺点甚多，兹特举其荦荦大者如下：（一）不根据儿童固有经验，（二）专以成人的眼光，不合儿童心理，（三）词句太复杂，不适合儿童口吻，（四）多生字，少变化，无兴趣，（五）多抽象的文字，无动作可表演。在一般著名小学校里的教师们，因为感到缺乏的缘故，便忙里偷暇，自编教材；但是因为忙的缘故，当然不能编出大宗的良好读物来。在这里我们希望一般学识经验都好的小学教师，能够利用充分的时间，去作这种工作，那么良好的儿童读物，就不难实现了。现行儿童读物的种类，似乎有逐渐增多的趋势,可是内容未能尽满人意。究竟何者适合儿童心理,为儿童所爱阅。何者不适合儿童心理,为儿童所厌恶。不事调查,何从知道。儿童喜欢读什么书,适合读什么书,不是凭意想所能够知道的。虽然由心理学上的根据,也未尝不可推求到儿童在某时期内需要何种读物。譬如说七岁至八岁的儿童,是社交公开时期,儿童最喜欢读人我关系之读物。九岁至十一岁,为个性发展时期,有独立自尊的气概,其读物以英雄故事为主。十三岁至十五岁,为人生活动时期,关于公众、道德、地理、历史游记之类的书籍,最欢喜读。

教育上的方法,必定要在理论同实际的测验上,合而为一,这所得的结果,才能正确而有效。现在把:(一)姜旭东、张耿西两先生在中央大学实验学校和(二)石顺渊、张匡两先生在上中实小所调查的结果,写在下面,作一个比较:

(1)在中大实验学校所得的结果:

一个高年级阅读室所陈列的图书如下:

(1)童话

家庭童话	中华童话	俄国童话集	童话大观	希腊神话
安徒生童话集	绘图童话大观	全世界的小孩子	欧洲童话集	两条腿
阿丽思漫游奇境记	王尔德童话	爱罗先珂童话集	稻草人	小雨点
风先生和雨太太	木偶奇遇记			

(2)寓言

寓言	伊索寓言	莱森寓言	印度寓言	东方寓言集

(3)故事

故事读本	小人国	中国故事	两个窟窿	奇少年
模范儿童	世界仙源	奇怪的石头	幼女杀妖	怪宝石
小倭瓜	猴孙子理发店	城鼠与乡鼠	怪屋子	猩猩姐姐
打火盒	仙树林	洞里的家庭	万知博士	驴车
童伴	月妈妈	羊三郎	吹笛人	十二个公主
女郎捕盗	猎人	小乖乖	乡人分鹅	单身击贼
三种可爱的东西	中华故事	玉葫芦	鸟笼精	乡下的富翁

狐之神通	巧舌妇的事事	平山钟	波斯故事	有力的牛大哥
珠儿和珍如	钝刀杀人	爱国小孩	黄猫	面皮人
竹公主	三公主	冒险的猴子	火柴老博士	小师和野牛
列地狐遇险记	猴儿的故事	白发小儿	长鼻与矮子	歌歌
驯鸽	一个奇怪的头	小斑马	魔洞	糖手枪
陈步德航海	瞎子的悔悟	蜗牛老师	贫女和王子	野人记
红毛野人	灯花仙子	金牛	奇怪小人	小傻子
羊和狼	王子改过	神眼	奇怪的头	铁假面
法国女魔王	九命奇冤	顾博士	怪中怪	三姊妹
奇怪盗	纱巾	仇仇	大宝窟王	铁链案
荒岛狐童记	东印度故事	今古奇观	聊斋志异	

（4）侠义小说

奇侠英雄传	三侠五义	风尘剑侠传	江湖奇侠传	江湖异人传
江湖小侠传	小五义传	儿女英雄	江湖剑侠传	小剑侠
鸳鸯剑	清代剑侠大观	北方奇侠传	南方剑侠传	八剑十六侠
红侠	白侠	黑侠	青剑碧血录	风尘三侠
侠隐记	续侠隐记	新剑侠	荒山游侠记	水浒
八大剑侠传				

（5）侦探小说

秘密大侦探	侦探小说观	侦探侠盗	滑稽侦探	协作侦探案
侦探小学丛刊	福尔摩斯全集	中国侦探案全集		

（6）通俗演义

西游记	西游记精华	薛丁山征西	金台传	南宋飞龙传
三国志	隋唐	荡寇志精华	东汉演义	列国志
镜花缘	儒林外史	封神	济公传	

（7）新文艺小学

芝兰与茉莉	小说汇刊	点滴	梭罗古勃	欧美名家短篇小说丛刊
火灾	百合集	竹林的故事	海的渴慕者	中国创作小说集
毛绒线	一叶	莫泊桑短篇小说集	好管闲事的人	灰色马
空山灵雨	爱的教育	曼殊代表作	坦白	新犹太小说集
异端	熊猫	小物件	旅伴	线下

超人	归航	城中	空大鼓	黄金
呐喊	柚子	怅惘	现代日本小说集	柴霍甫短篇小说
现代小说译丛	托尔斯太短篇小说集	红楼梦	缀网劳蛛	山野掇拾
友人之书	曼殊斐尔小说集	法国短篇小说集	中国短篇小说集	英国近代小说
世界短篇小说集	太戈尔小说集	少年维特之烦恼	冲积期化石	小人物的忏悔
海滨故人	茶花女遗事	寄小读者		

（8）诗歌

儿童诗歌	黎锦晖歌曲	儿童歌谣	表情唱歌	孩子们的歌声
童谣集	甜歌七十七曲	曼尼亚民歌	音乐会小曲	尝试集
渡河	繁星	春水	女神	将来之花园
志摩的诗	巴黎的鳞爪			

（9）戏剧

儿童剧本	儿童戏剧汇集	学校剧本集	戏剧汇集	一只马蜂
相鼠有皮	弃妇	玛加尔及其失掉的天使	咖啡店之一夜	复活的玫瑰
悭吝人	人之一生	春之循环	山河泪	哈孟雷特
青鸟	哈那特尔	日本现代剧	现代短篇剧译丛	史特林堡戏剧集
泰戈尔戏剧集				

（10）传略

牛顿	瓦特	威廉退尔	林肯	威尔逊
福特传				

（11）杂记

普陀游记	鲁滨逊归航记	勃西笔记	欧美逸话	巡察团日记
新俄国游记	石达开日记	伏圆游记	少女日记	畸零人日记
俄宫见新闻	凡尔登战记	山中杂记	中外新游记	老残游记
曾国藩日记	浮生之记			

（12）报章

申报	新闻报	时事新报

（13）杂志

小朋友	儿童世界	语丝	新月	少年杂志
学生杂志	文学周报	南国月刊	南国周刊	

经过两星期的观察,得到十二次的记载:

表一　十一月八日金曜

学　　　　生	时　　　　间	书　　　　名
1	上午 8:5 – 8:25	世界仙源
2	8:5 – 8:25	儿童世界
3	8:5 –	青剑碧血录
4	8:10 –	封神
5	8:13 –	三侠五义

表二　十一月九日土曜

学　　　　生	时　　　　间	书　　　　名
1	下午 0:30 – 0:35	满清奇侠大观
2	0:30 – 0:35	白侠
3	0:30 – 0:35	协作侦探案

表三　十一月十一日月曜

学　　　　生	时　　　　间	书　　　　名
1	上午 7:5 – 7:36	鸟的故事
2	7:5 –	江湖英雄传
3	7:5 –	小朋友
4	7:38 –	红侠
5	7:38 –	江湖剑侠传
6	7:38 –	少年杂志
7	7:38 –	小朋友
8	7:45 –	三侠五义
9	7:45 –	小朋友
10	7:50 –	迷羊
11	7:50 –	隋唐

表四　十一月十一日月曜

学　　生	时　　　间	书　　　名
1	下午 0：20 − 0：40	荡寇志精华
2	0：20 − 0：25	小朋友
3	0：20 − 0：30	西游记
4	0：28 −	江湖奇侠传
5	0：35 −	满清奇侠大观
6	0：40 −	小朋友
7	0：40 −	三侠五义
8	0：50 − 0：55	儿童世界
9	0：50 −	儒林外史
10	0：50 −	新月
11	0：55 −	八大剑侠传
12	0：55 −	三国演义
13	0：55 −	水浒
14	0：55 −	小五义传
15	0：55 −	小剑侠

表五　十一月十一日月曜

学　　生	时　　　间	书　　　名
1	下午 5：0 −	清代剑侠大观
2	5：0 −	隋唐
3	5：0 −	家庭童话集
4	5：0 −	儿女英雄传
5	5：15 −	西游记

表六　十一月十三日水曜

学　　生	时　　　间	书　　　名
1	下午 0：50 −	儒林外史
2	0：50 −	红毛野人
3	0：50 −	新剑侠

4	0:50 –	北方剑侠传
5	0:55 –	中国故事
6	0:55 – 1:34	江湖奇侠传
7	1:5 – 1:25	三侠五义
8	1:5 –	秘密大侦探
9	1:5 –	三侠五义
10	1:7 – 1:11	黑侠
11	1:7 – 1:25	咖啡店之一夜
12	1:10 –	老残游记
13	1:10 –	儿女英雄传
14	1:14 –	儿童世界
15	1:14 – 1:25	西游记
16	1:14 –	西游记
17	1:14 –	童话
18	1:14 –	西游记
19	2:16 –	新剑侠
20	1:16 – 1:30	青剑碧血录
21	1:20 –	隋唐
22	1:20 – 1:30	童话
23	1:25 –	小朋友
24	1:30 –	江湖奇侠传
25	1:30 –	语丝
26	1:30 –	侦探小学大观
27	1:35 –	青剑碧血录
28	1:35 –	迷羊
29	1:36 –	学生杂志
30	1:37 –	水浒
31	1:37 –	西游记
32	1:37 –	我的幼年
33	1:37 –	封神
34	1:40 –	今古奇观

表七　十一月十四日木曜

学　　生	时　　　间	书　　名
1	下午 0:30 –	西游记
2	0:30 –	小五义传
3	0:33 –	神眼
4	0:35 –	巧舌妇的故事
5	0:35 –	世界仙源
6	0:35 –	南宋飞龙传
7	0:40 –	协作侦探集
8	0:42 –	野人记
9	0:45 –	新剑侠
10	0:50 –	水浒

表八　十一月十八日月曜

学　　生	时　　　间	书　　名
1	下午 0:30 –	童话
2	0:30 –	奇侠英雄传
3	0:30 –	江湖奇侠传
4	0:30 –	风尘剑侠传
5	0:32 –	黑侠
6	0:35 –	中国故事
7	0:35 –	儒林外史
8	0:36 –	聊斋志异
9	0:38 –	鸳鸯剑
10	0:38 –	白侠
11	0:38 –	江湖奇侠传
12	0:41 –	宝窟生还记
13	0:41 –	隋唐
14	0:43 –	野人记
15	0:47 –	黄金
16	0:47 –	红楼梦

17	0:50 –	老残游记
18	0:50 –	家庭童话
19	0:50 –	新剑侠
20	0:55 –	镜花缘
21	0:55 –	水浒
22	1:0 –	新月
23	1:0 –	风尘剑侠传

表九　十一月十九日火曜

学　　　生	时　　间	书　　　　名
1	下午 0:30 –	江湖剑侠传
2	0:30 –	野人记
3	0:30 –	南北剑侠传
4	0:30 –	三侠五义
5	0:30 –	江湖剑侠传
6	0:30 –	小五侠传
7	0:35 –	小剑侠
8	0:35 –	小五义传
9	0:37 –	荒山游侠传
10	0:40 –	冒险的猴子
11	0:42 –	奇怪的头
12	0:44 –	满清剑侠大观
13	0:45 –	希腊神话
14	0:45 –	我的幼年
15	0:50 –	青剑碧血录
16	0:52 –	红楼梦
17	0:52 –	隋唐
18	1:0 –	稻草人
19	1:0 –	儿女英雄传
20	1:0 –	奇怪盗
21	1:0 –	世界短篇小说记
22	1:5 –	续侠隐记

表十　十一月二十日水曜

学　　　生	时　　　间	书　　　名
1	下午 0:45 –	中国故事
2	0:45 –	儒林外史
3	0:45 –	少年杂志
4	0:45 –	小朋友
5	0:45 –	小朋友
6	0:45 –	万里步行记
7	0:45 –	风尘剑侠传
8	0:45 –	迷羊
9	0:45 –	小朋友
10	0:55 –	济公传
11	0:57 –	北方奇侠传
12	1:0 –	新剑侠
13	1:0 –	小朋友
14	1:0 –	模范儿童
15	1:0 –	秘密大侦探
16	1:0 –	小五义传

表十一　十一月二十一日木曜

学　　　生	时　　　间	书　　　名
1	下午 0:30 –	西游记
2	0:30 –	奇侠英雄传
3	0:30 –	怪宝石
4	0:30 –	小说世界
5	0:35 –	儿童世界
6	0:35 –	小五义传
7	0:40 –	中国故事
8	0:42 –	长鼻与矮子
9	0:55 –	三侠五义
10	0:55 –	隋唐

（续表）

11	0:55 –	剑侠传
12	0:57 –	江湖剑侠传
13	0:57 –	新剑侠
14	0:57 –	小五义传
15	1:0 –	儿童世界
16	1:0 –	儒林外史
17	1:0 –	水浒
18	1:0 –	西游记
19	1:0 –	迷羊
20	1:0 –	奇怪小人
21	1:0 –	童话

表十二　十一月二十二日金曜

学　　生	时　　间	书　　名
1	下午 0:50 –	儒林外史
2	0:50 –	弃归
3	0:50 –	鸳鸯剑
4	0:50 –	济公传
5	0:50 –	三侠五义
6	0:50 –	北方奇侠传
7	0:50 –	隋唐
8	0:50 –	风尘剑侠传
9	0:50 –	小五义传
10	0:50 –	中国故事
11	0:50 –	小学汇刊
12	0:50 –	水浒
13	0:50 –	中国故事
14	0:50 –	荒山游侠传
15	0:50 –	南方剑侠传
16	0:50 –	红侠
17	0:50 –	新剑侠

18	0：50 -	西游记
19	0：50 -	隋唐
20	0：50 -	迷羊

根据以上十二表的记载，我们统计起来，共有六十八种不同的书目。再就此六十八种书目，把他分类统计起来，再依百分比的大小顺序表列如下：

类　　　别	种　　　类	百　分　比
侠义小说	22	32.4
故事	16	23.5
通俗演义	9	13.3
小说	5	7.4
杂志	5	7.4
童话	4	5.9
侦探小说	3	4.4
戏剧	2	2.9
杂记	1	1.4
报章	1	1.4
传略	0	0
诗歌	0	0
寓言	0	0
统计	68	100.0

由此我们可以下一个结语：在小学校高级部的儿童，十岁至十六岁左右的儿童，他们对于读物，大概有这三种趋势：

（1）最喜欢阅读的是侠义小说、故事、通俗演义。

（2）比较喜欢的是各种浅近的杂志、小说及侦探小说。

（3）最不喜欢的是报章、杂记、诗歌、传略。

在这里有一个问题，就是十岁左右的儿童，为什么喜欢阅读侠义小说、故事、通俗演义之类的读物,而不喜欢阅读报章、诗歌、传略之类的读物? 要解答这个问题,我们不难从儿童心理学上,找出根据来。儿童心理的研究者告诉我们说,儿童有两种普遍的本能倾向。在前一种的倾向中,最显著的如竞争、互助、兼爱、及宗教的倾向等等。竞争的倾向,二三岁的小孩,本不十分发达,到了十二三岁时,渐渐的和小朋友来往了,于是此种竞争心遂渐渐的滋营起来。小孩到了这个时代,什么事都要和人家赛一赛,什么事都要和人比一比,就是很显明的事实。随着这种竞争心理而起的,便是好胜和嫉妒的感情。比较竞争的心理发达较迟一点的,则为互助的倾向。由互助而生出的一种感情,便是忠于所事。比较互助发达得更迟一点的,则为兼爱的倾向。如友朋间的慰藉,与友朋间的祝望,皆是发自兼爱的感情。至于宗教的倾向,可于儿童的崇拜英雄,尊敬至尊无上的亲师等处的心理看出。后一种本能倾向,如争斗等是争斗性。在八九岁的儿童最发达。因为儿童有这种倾向,所以对于人类中之侵及其身体幸福者,便不甘受欺侮,而与之奋斗。这种事实,我们也是常常看到的。儿童既有这种种倾向,而社会上流行的侠义小说、故事、通俗演义等,又多是以竞争、互助、兼爱、争斗等等事实作背景的,所以这种读物与儿童的心理相暗合,而不得不为儿童所爱好了。至于不为儿童爱好的寓言、诗歌、报章等读物,可以说因为这种读物中,不含有这种种儿童本能的倾向的缘故。

(二)在上中实小所得的结果:

1.中级儿童比较爱读的读物二十种。

2.高级儿童比较爱读的读物二十种。

3.中高级儿童爱读读物的类别统计。

4.中高级儿童爱读读物的原因统计。

5.中高级儿童不喜读读物原因统计。

1.中级儿童比较爱读的读物二十种(以爱好的程度为序)。

（1）《小朋友》（中华）

（2）《儿童世界》（商务）

（3）《儿童故事》（商务）

（4）《儿童谜语》（商务）

（5）《儿童小说》（商务）

（6）《三国演义》（亚东）

（7）《小英雄》（商务）

（8）《儿童游记》（商务）

（9）《儿童笑话》（商务）

（10）《儿童画报》（商务）

（11）《儿童文学读本》（商务）

（12）《俄国童话》（商务）

（13）《中华童话》（中华）

（14）《希腊神话》（商务）

（15）《图画故事》（商务）

（16）《京语童话》（商务）

（17）《卫生故事》（商务）

（18）《鹅妈妈的故事》（开明）

（19）《大侠甘凤池》（世界）

（20）《中国故事》（商务）

2.高级儿童比较爱读的读物二十种（以爱好的程度为序）。

（1）《家庭童话》（商务）

（2）《小朋友》（中华）

（3）《儿童世界》（商务）

（4）《少年》（商务）

（5）《中国福尔摩斯》（大东）（世界）

（6）《老残游记》（商务）（亚东）（泰东）

（7）《西游记》（亚东）（泰东）

（8）《平民小说》（商务）

（9）《水浒》（泰东）（亚东）

（10）《岳传》（亚东）

（11）《三国演义》（亚东）

（12）《七侠五义》（亚东）

（13）《小五义》（益新）

（14）《奇少年》（中华）

（15）《封神榜》（亚东）

（16）《京语童话》（商务）

（17）《小故事》（世界）

（18）《新仔婿故事》（北新）

（19）《镜花缘》（商务）（泰东）

（20）《儿童故事》（商务）

3. 中高级儿童爱读读物类别统计：

（1）中级儿童爱读的读物

类　　　　别	次　　数	类　　　　别	次　　数
神仙故事	四三	武侠小说	二〇
神话	三一	谜语	一七
山歌	二一	笑话	一六
民间故事	二〇	冒险小说	一五
侦探小说	一四	传奇小说	五
神怪小说	一二	游记	四
诗歌	一一	寓言	四
物话	八	传记	二
历史小说	六	记事	一

（2）高级儿童爱读的读物

类 别	次 数	类 别	次 数
武侠小说	五一	神话小说	一一
冒险小说	三九	游记	一一
侦探小说	三四	民间故事	八
神仙故事	二一	笑话	七
神话	一七	传奇小说	六
历史小说	一三	书信	四
物话	三	剧本	三
诗歌	三	传记	二
谜语	三	山歌	二
论说	三	记事	一

4. 中高级儿童爱读读物的原因统计：

（1）中级儿童爱读的原因

原 因	次 数	原 因	次 数
多图画	一六	有趣味	八
滑稽	一〇	奇怪	八
字很清楚	一〇	有勇气	六
程度适合	八	有意思	四
纸好	八	简明	四
不深	四	多歌	四
句长	二	句短	二
价钱不贵	二	美观	二

（2）高级儿童爱读的原因

原 因	次 数	原 因	次 数
有勇气	四二	纸好	四
奇怪	三二	有趣味	四
滑稽	二四	破除迷信	四
字清楚	一〇	多画	二
简明	四		

5. 中高级儿童不喜读读物的原因统计：

（1）中级儿童不爱读的原因

原　　因	次　　数	原　　因	次　　数
太深	三二	太用思想	四
字太少	二四	不真实	四
篇幅太长	一二	画不好	四
太浅	八	无意思	四
文言	六	不清楚	四
不奇怪	六	无趣味	四
字太少	六	价太贵	二
少图画	六	篇幅太短	二
纸太劣	四	图太少	二

（2）高级儿童不爱读的原因

原　　因	次　　数	原　　因	次　　数
字太小	二二	文太短	一六
太长	一二	不奇怪	二
太迷信	一二	不清楚	二
太深	八	价太贵	二
文言文	六	画太少	二
不真实	四	纸太劣	二
太浅	四		

　　照上面的统计结果看来，可见中级儿童比高级儿童不爱读的原因为多。因为年龄愈小，阅读能力愈薄弱，困难愈多，其不欢喜的原因也愈多。

　　从上面两种结果看来，儿童读物是有他们自己的需要，现在小学图书馆里如果还有：（1）儿童不能读的书，（2）儿童不必读的书，（3）儿童不可读的书，（4）不是儿童读的书，这四种缺憾，我们就是化费了许多金钱劳力处理它，不但是结果徒劳而无功，并且有害于儿童身心,反影响于未来的社会。

问题

一、儿童读物的需要如何? 它的内容如何? 试简述之。

二、儿童参考书,和儿童普通用书,有何不同点,试列举之。

三、现代儿童读物,普遍的缺点是什么? 如何可以免去。

四、儿童所喜阅的俚俗小说,和侠义的传记,要怎样注意它的内容?

五、调查儿童读物,对于小学图书馆所生的影响如何?

参考书

杜定友　《学校图书馆学》　上海商务

杜定友　《小学图书馆问题》《中华教育界》　十五卷十二期

洪有丰　《图书馆组织与管理》　上海商务

张九如　周蓦青　《可爱的小图书馆》　上海中华

蒋镜寰　《小学图书馆实施法纲要》《江苏省立图书馆馆刊创刊号》

姜旭东　张耿西　《儿童读物的检讨》《中华教育界》　十八卷六期

石顺渊　张匡　《儿童读物的新研究》《教育杂志》　二十二卷十一期

马宗荣　《现代图书馆经营论》　上海商务

Gilbert：What Children Study and Why? 1913.

第六章　儿童读物的选择

　　现代图书馆的精神,不仅是在利用科学方法,管理图书。而尤在能以适合于经济的原则上,实现社会化教育最大的功能。在这种目标以下,来办理小学图书馆,我们应当深切注意到儿童读物的选择问题。因为小学图书馆,如果能善择儿童读物,在精神方面,至少已经获得了相当的成功。不过究竟怎样选择儿童读物呢? 现在可从下面的几点来讨论他的重要性:

　　选择的原理　图书馆要为启发儿童思想,引起儿童的情感,增加儿童的知识,提高儿童的生活,我们选择读物应当注意以下三方面的需要:

　　(一)社会方面　各国各社会的儿童的环境不同,所以选择书籍的目标,也是不同。这里我们就要体察社会上的情形和需求,与民族的特性,自定标准,以适应各种环境,各种需求。譬如某地方的工业很发达,儿童们都是工人的子弟,那么图书馆应该对于工业方面,要特别注意。譬如某地方的状况非常复杂,那么图书馆也得要详细地去分析他的成分,以适应各方面的要求。其他人口的多少,儿童的年龄,对于购书的种类和数目,都有关系。我们认为图书馆是社会文化的中心,而书籍是图书馆重要的工具。图书馆不像书店一般,陈列了各种书籍,看顾客要什么就给他什么。我们一方面要适应我们的顾客——图书馆的阅者——的需求,一方面要利用书籍去教化他们,用书籍去提高他们的意志与学识,我们的眼光,并不是专注意在来馆阅书的人,而且要注意及全社会的儿童,使他们个个都受着图书馆的教育,个个都受书籍的感化。因此儿童图书馆,对于社会是关系极深的。选择图书的时候,总要为全社会着想,这要点总括起来是:

(1)注意社会的现状,

(2)考察职业的状况,

(3)适应社会的旨趣,

(4)测度儿童的多寡。

(二)儿童方面

(1)心理的　要根据心理上的特性和要求,这种心理上重要的特性有:(A)活动性,(B)好奇性,(C)求知性,(D)模仿性,(E)想像力,(F)游戏性,(G)社交性,(H)审美性,(I)兴趣,(J)意志薄弱等。

(2)生理的　儿童阅读兴趣的歧异,固然与天资和阅读的成就有关。但是年龄的差异,和男女性的癖好之不同,在生理方面看来,影响于儿童的很大。

(3)伦理的　国民的道德,全在儿童时代培养出来。我们要用间接的方法,使儿童的秉性行为改善于不知不觉之间。譬如同是一本动物学的书,在表面上看来,并没道德不道德。但是细察其内容,也许读了一本书之后,儿童对于禽兽增加了许多爱护之心,也许增加其残暴之性。这就是伦理的论调不同的缘故。所以普通图书馆职员,管理对于选择书籍,只要大致不差便了。而任小学图书馆的管理,非逐本详细审阅不可。普通图书馆的书要博而多,小学图书馆的书宁少而精。

(4)生活的　我们要认定儿童图书馆,是一种教育机关,方才可以见得它范围的广阔,责任的重大。我们对于儿童的阅览,非但注意现在在校的儿童,而且要注意现在已出校和将来出校的儿童。据实在的调查,小学毕业学生有百分之九十以上,不能继续他们的学业的。这种早年辍学的可怜的儿童们,既出学校之门,学校就不负教育的责任。那末他们日后的教育,谁去担负呢? 这就是图书馆的责任了。选择书籍的时候,应该注意儿童的生活问题。儿童在校的时候,就要养成他们的图书馆习惯。使他们知道图书馆是知识的贮藏所,他们有什么难题,都可以向图书馆搜寻材料,解答一切。养成他们对于图书馆有:Library is a place to find things 的观念。那么他们不幸早年失学,还有良师在旁可以随时请益。儿童有了这种习惯,有这种自育能力,前途方才有望,不然故步自封,那里有进步呢?

（三）书本方面

（1）内容

（A）材料　自然界的景物,父母、兄弟、姊妹的爱以及儿童自己的生活,都是儿童读物最好的材料。因为这些都是儿童常常能够接触的,对于儿童大半可以适用,和容易体验。至于社会国家各种实际问题的材料,那就眼光必须要顾虑周密,斟酌取去才好。譬如关于强盗的残酷行为,及不伦理的恋爱故事等,在儿童好奇心很发达的时期,固可以满足他们的需要,使他们发生强烈的兴趣。但是另一方面,却暗示给他们许多坏的印象,而且他们的模仿性很强,在教育的实际上便不免发生危险的结果。又如为着灌输某种主义而故意描写一些带着色彩的故事,在贯彻某种教育的目的上,也许可以发生效果。但在儿童的心灵上,便受了不可泯灭的桎梏和创伤。像上面类似的材料,都应该设法避免。固然有时不能绝对不谈一点残酷的事迹,但多少须有一种福善祸淫的暗示,去提醒儿童正当的观念。同时也不宜处处带一种教训的意味,以蔑视儿童本能发展。还有关于神仙的材料,在儿童读物中究竟应否采取,这也是一个应当讨论的问题。有些人主张不应采取理由,是以免养成儿童迷信的观念。有些人认为可以采取理由,是在儿童本能上是非常需要的,即使在将来也无妨碍。因为儿童出了戏剧时期以后,神仙观念便会渐渐消失。这个问题,前者好像有些过虑,后者比较充足好多。不过我们采取神仙事迹做材料,有一层要注意的,就是刺激性太强,如狞恶的不合人道的神仙鬼怪等,不宜采取。至于优美的,和善的,近乎人形的各种神仙,不但没有害处,并且在儿童,确是非常需要的。现在归纳起来,可得几条取材的标准:

(a)具体与生活有关的,

(b)常接触的,

(c)要浅显而易体验的,

(d)不束缚儿童性灵的,

(e)不暗示恶劣印象的。

(B)辞句(即措辞)

(a)要语体化,

(b)要音乐化,

(c)要游戏化,

(d)要美术化。

(2)形式

因为儿童是一种最富于求知心和好奇心的,也可以说他是一种易感应性的。所以对于儿童读物的外表,就是说它有:(A)美丽的封面,(B)鲜艳的颜色,(C)奇特的格式,(D)装钉坚固。总要能使儿童一见生情,有不得不去看的趋势。所以一本读物,常是在它的封面上,决定了它大部分的命运。通常欧美各种儿童的读物,在它的封面上,总是特别的注意。十岁以内儿童读物的封面,多是用有轮廓的线条画,而加上大红大绿的原色平涂的色彩。它的格式,是不一定方正的。常因了封面上人物的轮廓的曲折,而截成一种奇特的格式。直到较大儿童所用的读物,才渐渐的减少了这种现象。而颜色也渐渐的趋于复杂了。至于装钉尤其注意,五岁以内的儿童,对于书籍,不知爱惜。因此给他们的读物,必须坚固耐用,始可以保存较久。所以欧美各国,对于小儿童的读物,多是用最牢的纸,甚或裱糊成厚纸板而装钉的事,也特别注意。两页相接的地方,多半用布料连结,还有完全用布料,印成的书籍。中国产业落后,国民经济能力,又复低薄,物力财力,都谈不到。所以对于儿童的读物,没有深切的注意,这也是不可讳言的事。

（A）字体　必须适合于儿童的年龄。因为人类的眼睛,生来完全的很少。儿童初生时的目力,都是远视眼。这并不是儿童的一种病。年龄渐大,远视眼的弊病也渐减少。但是我们对于儿童的目力,应该特别留意。大约对于五岁以内的儿童,须用特号字,大在一公分以上。五至七岁,才可用头号字大一公分。而且宋体字不相宜,最好是楷书,或是仿宋字。七至九岁,才可参用二号字,约八公厘大。九至十岁,才可参用三号字,约六公厘大。十至十一岁,才可参用四号字,约四公厘大。十二岁以上,始可以五号字,约三公厘大,与其他字体混用。所以儿童读物,因供给阅读者年龄的幼少,而字也随之有大小。编得好的儿童读物,由它字体的大小,可以判别这本读物,是供给某种年龄的儿童所阅读的。

（B）插图　普通在七岁以内儿童读物,全书的插图,都是有轮廓的线条画,而且加上彩色。到十岁以内的读物,才减少彩色。十岁以上,才渐渐的由有轮廓的线条画,而增进到无轮廓的,加阴影的插图。欧美各国近年更采用摄影片为插图。除摄得的天然景象外,有许多为适合读物的内容起见,竟不惜时力,选择相当的人物扮演制摄的。他们是怎样的讲究。在中国因为许多的人,不知道这是应该有区别的一本书,能有插图已是很了不得了,谁还有功夫替插图去定年龄呢！插图的主要价值,是在增进儿童的注意力和兴趣的,可以表现文字的意义。而在美育上有很大的关系。欧美诸国,对于儿童读物上插图的绘画者,他的姓名常是与著者平列的,可见他们对于插图的重视了。

（C）编排　对于书籍的编排,向来很少有人注意。从前中国有许多书籍的出版,可以说不是由编辑的人编排的。因为一个书

64

生,要他去学那印刷上的知识,多少有几分勉强。这些书,多半是由排字的工人编排成的。所以常是有题目及正文,或小段落错误的事实,总说一句,就是眉目不清。编排一部书,本来不是一件容易的事。尤其儿童的读物。因为儿童阅读读物的时候,一笔一画的看,才能认识这个字。一个字一个字的看,才能懂得这一句话。若是一段书太长,而编又不得法,割裂分离,还要带上一两个错字,那他们就会要弄到不能了解。因为儿童的知觉力,或理解力太薄弱,非有多数联络的刺激,不能引起适当的反应的原故。我们知道一个较高深繁难的算式的演绎,若是排列在正反两面上,要感到多少曲折,对于这个算式的了解,比较,要费多少脑力,甚至要把它重写在一张别的纸上,才能够了解。对于儿童的阅读读物,何尝不与成人看高深的算式一样呢。所以对于儿童读物,尤其低年级的儿童读物,它的编排,我们是应该特别注意的。一个故事,或童话小说,总要使他眉目清楚,段落分明。所有字体的大小,行列的间隔,都要注意。标点符号,不使它成为无用的赘疣,而要使它个个负起责任来。就是插图的支配,也是不可苟且的。对于美的文字,如诗歌之类,尤其要特别注意,使它除了本质上的文学意味之外,在字里行间,还要能引起阅读者的美感。尤其低年级儿童的读物,每一件材料,最好是不用翻页。而较长的句子,在分作两行时,更应该在两个词之间。而不可将一个词的字,分在两行。这样教者容易施教,学者容易了解。

（D）纸张　应该要讲究一点,断不宜因为儿童没有反感的呼声,或者可以说是不理会儿童的呼声,而运用恶劣的纸张。总之,我们虽不能与欧美的儿童读物同日语,但至少限度,应该要洁白无光,质料坚韧,才不致损坏儿童的目力。而读物的寿命亦可以长久一点。

选择的分配　图书的分配,是要顺着选择原理,并参照学校实际的状况而定的。现在从抽象的定下一个标准,写在下面只能做为参考：

类　　　　别	假定卷数	
总类 （普通参考杂志报章）	12	120
自然科学	5	50
应用技术	5	50
教育 （伦理公民宗教等）	6	60
社会科学	8	80
语言	7	70
文学 （童话小说等）	30	300
历史 （传记杂记等）	10	100
地理	7	70
艺术	10	100
总数	100	1000

问题

一、选择儿童读物何以比选择成人阅读之书籍要难？

二、选择儿童读物的标准如何？

三、在一个实际状况下来说明分配儿童读物的要点和理由。

参考书

刘国钧　《图书馆学要旨》　上海中华

杜定友　《图书选择法》　上海商务

杜定友　《图书管理学》　上海中华

王人路　《儿童读物的分类与选择》　《教育杂志》　二十一卷十二期

陈伯吹　《儿童文学与儿童》　《上海教育界》　第八期

陆文衡　《对于选择儿童读物的一点意见》　《上海教育界》　第九期

龚宝善 《幼儿读物的讨论》 《安徽教育》 第一卷七期

Drury, F. K. W. : Book Selection. 1930.

Bostwick, A. E. : How Librarians Choose Books. 1930.

第七章　图书的征求购订和登录

图书的来源有两种:(1)征求,(2)购订。

征求　大多是向外面索赠,或是以学校的出版品来交换各学校,或各机关出版的有益书报。这在小学校里,如果没有出版品,是比较困难些。但是要能随时随地去留心,也可以得到外赠的书报。但是要注意以下的三点:

(一)征求应有一定的目的,切忌抱多多益善的宗旨。因为小学图书馆,有特殊的目的和需用。外间的出版物,未必尽能适合我们的需用。若是征求来的出版物,置而不用,非但辜负赠送人的苦心,管理上也极为不经济。而且无目的的征求,往往令人讨厌,反而置之不理。所以征求之前,应该知道他们有什么出版物。该出版物是否我们所需要的。征求到之后,自应郑重处理,切实运用。

(二)用信征求的,不宜用油印或印刷品。因为照例的通函,不能令人注意。即使别人有好的东西,也不愿意给我们。去信的格式要简单明了。用不着什么客套,和长篇大论,纵述古今中外藏书之盛,或搜求之急等等。因为这种千篇一律的文章,实在看得好多了。而且看了一大篇,到末后几句才知道是征求图书,于读者的时间太不经济,反而伤了好感。普通常用索赠的明信片,其式样如下。

```
敬启者兹悉
                              出版用特不揣

冒昧函请
慨赠    份以光东壁实深感荷
此致
                                 启
                                 C. P. C. −6A
```

实大 14. ×9. 厘

（三）小学图书馆的经济人才，两皆缺乏。所以对于征求的
事，尤宜审慎。因为无谓的征求，直等于浪费。一般人以为征求，
可以节省经费，这完全是对于小学图书馆的目的，毫不明了。小学
图书馆的管理，毫无经验的缘故。

购订　图书既经选定以后，便要从事购订。购订的最大原则，
是经济，前面也曾说过。但是要经济，便要注意下列的几点：

（一）图书经费之支配，

（二）报纸之广告，

（三）教师学生之介绍，

（四）出版界刊行之书目，

（五）小学图书馆所藏书目，

（六）与书局商定优待办法。

开始购订图书时，要注意几种手续：

（一）用介绍单分发教师、学生，随时填写，每书一单，式样如
下：

登记 ACC.NO.	著者 AUTHOR（SURNAME　FIRST）
订购 REQ.NO.	书名 TITLE
定期 ORDERED	
到期 REC'D	版次　　　　发行所 EDITION　　PUBLISHER
实价 COST	版期　册数　装订　定价 DATE VOLS　BDG　PRICE
页数 PAGES	备注 REMARKS
赠存 DONER	
签认 APPROVED	RECOMMENDED　BY
备注 REMARKS	介绍

左边请勿填写 Please Don't Write At The Left

实大 12.5×7.5 厘

图书馆购订及登记卡
LIBRARY　ORDER　AND　ACCESSION　CARD

填　写　方　法

1.请缮写清楚字句完全以免误会。

2.每书请用一卡。

3.版次之后请写明该书系第几版。

4.不甚著名之发行所请并填详细地址。

5.册数后写明该书共有几册,备注内写明该书应购几部。

6.该书之需要购订之特别原因即须从速购办否,书到后须通知原介绍人否,合请注明于备注栏。

实大 12.5×7.5 厘

```
_____先生                              --------------------
     前承介绍               --------------------------------

现查该书(_____ 本馆原有,编入 _____号)特此通知
      (_____ 已经到馆,编入 _____号)
      (_____ 已于 _____函购但尚未到馆)
      (_____ 书名,著者,出版处未详,请示知)
      (_____ 一俟委员会通过后,即当照购)
      (_____ 经委员会议决暂缓购置)
      (_____ 已绝版缺售)

C. P. C. –3                              --------------------
                                         图书馆主任
```

实大 12.5×7.5 厘

（二）介绍单须与图书目核对,不能冲突。

（三）将选定书单或介绍单,依出版处分列。

（四）同出版处的,依著者姓名排列。

（五）填写定书单,每单须有连贯的号数。

（六）在介绍单填明订单号码及日期。

（七）介绍单依订单号码排列。

（八）定单须有两份,存根一份。

（九）书收到后,校对介绍单和定单,有无错误。

（十）书收到后,校对有无残缺。

（十一）书已售完,另须注明。

登录　登记备查,就是登录。登录,就是图书的总帐,它的效用,是图书收到以后可以:

（一）知道图书的购置前后次序。

（二）做稽核图书数目的根据。

（三）做稽核图书价目的根据。

图 书 登 记 单

ACCESSION SHEET

日　期

DATE - - - - - - - - - - - -

ACCESSION NUMBER 登记号数	AUTHOR 著　者	TITLE 书名	VOL. 卷数	PUBLISHER 出版者	YEAR 版　期	SOURCE 来　源	COST 价　目		REMARKS 备　注

（四）知道图书的来源。

（五）知道书式的内容。

（一）登录的手续，须先将书的封面，盖收到日期章，和图书馆章，重要的书页上，也要盖馆章，然后再填写登录簿。登录簿所载的事项很多（如上图）。

它每一页的每列，都要占一个号码，顺序而下，不能间断。这最后一次登录所用的号码，就是馆内所有部数的总数的表示。凡登记图书时，先在簿上填写当日日期，然后逐项填好，再将登录号码数写在书里面的内书标（见第九章），和借书卡（如下图）。

		姓名 - - - - - - - - -	

南京市市立小学图书馆

借　书　卡

年　　月　　日截止

实大 12.5×7.5 厘

　　要用排架表,代替登录簿时,便在购书片上,做一记号,表明书已收入到本馆藏书总数中。同时将来源价格记在排架表内。这种方法,可以省去登录簿,但是弊在容易混乱,用时须特别谨慎。

　　(二)杂志登录法　杂志登录法有三种:

　　(1)月刊周刊的登录　普通用一种如下面的式样卡片(如图)。

月刊登记卡(正面式)

年 Year	卷数 Vol.	一月 Jan.	二月 Feb.	三月 Mar.	四月 Apr.	五月 May	六月 June	七月 July	八月 Aug.	九月 Sept.	十月 Oct.	十一月 Nov.	十二月 Dec.	备注 Remarks

编辑处　　　　　　　　　　　出版处

C.P.C　　　　　　　　　　　　　　　　实大 12.5×7.5 厘

月刊登记卡(反面式)

年	购订机关	起				讫				备　注
		月	日	期	数	月	日	期	数	

创刊 年月	刊 期	每年 卷数	杂志 名页	定 价
停刊 年月	册 数	每卷 始期	目次 索引	实 价

实大 12.5×7.5 厘

　　对于每期杂志,如系月刊,就在每月的空格内,注明期数。如系周刊,可注明该月内周刊的号数,或出版日期,下面载明出版处、期限、订费等。备注一项,可以将定单号码写入,余均照式填写下去。

　　(2)日刊的登录　日刊或日报,平常另用一种卡片登录,其式样如下:

日 刊 登 记 卡

名　称 Name	几　份 No. Copies	满　期 Expires

	1	2	3	4	5	6	7	8	9	10	11	12	13	14	15	16	17	18	19	20	21	22	23	24	25	26	27	28	29	30	31
Jan. 一　月																															
Feb. 二　月																															
Mar. 三　月																															
Apr. 四　月																															
May 五　月																															
June 六　月																															
July 七　月																															
Aug. 八　月																															

Sept. 九　月																				
Oct. 十　月																				
Nov. 十一月																				
Dec. 十二月																				

出版处		订购处	
Publisher		Ordered of	
发票日期	价　　目	备　　注	
Bill Dated	Price	Remarks	

实大 12.5×7.5 厘

按日到时可做一个符号，余均照式填入。

（3）不定期刊的登录　不定期刊的刊物，通常用下一种卡片登录（如图）。

下列有√者为本馆所备

1		11		21		31		41		51		61		71		81		91	
2		12		22		32		42		52		62		72		82		92	
3		13		23		33		43		53		63		73		83		93	
4		14		24		34		44		54		64		74		84		94	
5		15		25		35		45		55		65		75		85		95	
6		16		26		36		46		56		66		76		86		96	
7		17		27		37		47		57		67		77		87		97	
8		18		28		38		48		58		68		78		88		98	
9		19		29		39		49		59		69		79		89		99	
10		20		30		40		50		60		70		80		90		100	

| 出版处 | | 备注 | |
| C. P. C. | | | |

实大 12.5×7.5 厘

到时做一个符号，以资识别。杂志每成完卷后，可装钉成册，如遇有缺期时，应该用制订的明信片（如图），随时索补，或出外补

```
┌─────────────────────────────────────────────────────┐
│   启者前向                                            │
│  贵处所订                                       份    │
│    兹查第              卷第          期                │
│    迄今尚未收到即祈                                    │
│  查核补足                                             │
│  寄下为盼此致                                          │
│                                                       │
│                                          启           │
│                                                       │
│              定单                                     │
│              订期                                     │
│                                    C. P. C. –5A.      │
└─────────────────────────────────────────────────────┘
```

实大 14. ×9. 厘

购。否则日久,就是费了很多的事也不容易再成为完卷,那时就来不及了。

问题

一、征求书籍的方法如何,他的要点有几?

二、购图书他的手续有几种?

三、登录有什么效用?

四、说明登录的手续。

五、说明登录的工作应如何和购订及编目谋以联络?

参考书

岳良木 《图书馆登录方法之研究》 《图书馆学季刊》 三卷四期

刘国钧 《图书馆学要旨》 上海中华

蒋镜寰 《小学图书馆实施法纲要》 《江苏省立图书馆馆刊创刊号》

霍怀恕 《图书登记略说》 《学风》 三卷四期

Drury, F. W. K. : Order Work with Children. 1930.

第八章　图书怎样分类

　　小学图书馆的目的,在使小学校的教职员和儿童,能以极经济的方法,来使用图书。但是图书的排列,如果不经过一个适当分类程序,纲举目分,就难以实现它的效能,而发生许多的困难。所以小学要有了合于教师同儿童需要的图书分类法,对于管理和阅者两方面,都有利益。先就管理方面说,图书有合理的次序,就:

　　(1)易于寻拾,

　　(2)出纳便利,

　　(3)易于稽核。

　　对于阅者方面:(1)因儿童或教师的研究兴趣,按类寻找读物或材料,(2)可以触类旁求,(3)节省时间。图书要类别清晰,便于使用,必定要以内容性质,作为分类的标准。根据这种标准,制定原则。再考察实际的情形来运用,方可以产生合理的次序和系统。现在把分类的原则、系统,以及运用的方法,分写在下面:

　　分类的原则:

　　(一)分类要有一定的计划和方法。

　　(二)类别要清楚而合理。

　　(三)类别要有标记或号码,以便核查。

　　(四)分类号码要简单而易伸缩。

　　(五)要适合于教师和儿童的利用。

　　分类的系统　图书分类,是有定理,没有定法。现在一般通行的中外图书分类法,也有好几种,西洋的如杜威《十进法》(Dewey Decimal Classification)、《开特展开分类法》(Cutter´s Expansive Classification)、美国《国会图书分类法》(Library of Congress Classification)等,对于儿童图书,多半是仍用原号在号码之前加一J字或P字标明,以类分取,置于成人书籍之后。中文的如刘国钧《中国图书分类法》、杜定友《世界图书分类法》和王云五《中外图书统一分类法》等,除杜定友先生曾提示缩编世界图书表分类法(见杜定友《图书管理学》),略加变更外,多未特别谈到小学图书馆的分类系统。西洋的分类既不适于中国的国情,中国的分类又多未及于儿童特殊的需要。最近陈独醒先生曾在《中国出版月刊》第二卷二期至三期发表了一篇《儿童图书分类法的初拟》,内容有可参考的地方,著者根据陈法,编制《小学图书分类法大纲表》,现在列在下面。详目虽未备,但也可以参考,再按学校情形和需要,预为设计,增加细目。

小学图书分类法大纲表:

〇〇总类

〇一图书馆学 小学图书馆、儿童图书馆、图书馆规程、儿童书目、检字法等。

〇二读书法 读书指导等。

〇三类书 小学字典词书。

〇四百科全书 儿童、少年、日用百科全书等。

〇五丛书 师范及儿童各类常识及丛书。

〇六普通演讲报告 儿童演讲集等。

〇七新闻纸类 儿童日报等

〇八杂志年鉴 儿童杂志、小朋友年鉴等。

〇九其他。

一〇自然科学

一一算术 小学算术珠算等。

一二物理学　初步和可以供游戏的浅近物理等。

一三化学　初步和可以供游戏的浅近化学等。

一四天文学　星球、气象、日历等。

一五地质学　地质、河海、矿物等。

一六生物学　浅近的生物学和进化论。

一七植物学　花草、木、果木等。

一八动物学　爬虫、飞鸟、游鱼、走兽等。

一九其他。

二〇应用技术

二一生理卫生　人体结构、卫生大要等。

二二医药　极浅显的医药常识。

二三农业　农业浅说、耕植、牧畜等。

二四化学工业　含有趣味,容易做的化学工艺。

二五制造工艺　日常习见用具的制造法。

二六工程　足以启发科学知识的工程浅说。

二七交通　水、陆、空、交通浅学指南等。

二八商业　小商人、小商店、小银行等。

二九其他。

三〇教育

三一小学教育　儿童学、教育行政等。

三二教学与课程　教师教学的参考等。

三三教科书　小学各类教科书等。

三四体育　儿童体育运动等。

三五伦理　公民道德、儿童性教育等。

三六家事　家庭卫生、家庭簿记等。

三七职业　儿童职业指导等。

三八特殊　盲童读物等。

三九其他。

四〇社会科学

　四一党义　三民主义浅说、问答、国民党党纲等。

　四二政治　政治浅说、外交常识、自治等。

　四三经济　儿童经济生活、储蓄、合作等。

　四四法律　法律常识等。

　四五军事　童子军组织、训练等。

　四六社会　含有趣味的社会问题、家庭问题、新生活运动等。

　四七礼俗　儿童礼节、中国风俗等。

　四八会社　青年会、小学生会、成绩展览会、小朋友会等。

　四九其他。

五〇语言

　五一国语　国语初步、国语字母、儿童识字等。

　五二国音　音符、发音浅说等。

　五三会话　儿童日常应用和交际的普通国语、会话。

　五四演说法　儿童演说及辩论法。

　五五文法　各种语词用法、虚字用法。

　五六作文　联字、造句及浅近作文。

　五七读本　语文读本等。

　五八初级外国语　初级日文、英文、文法、会话等。

　五九其他。

六〇文学

　六一诗文　诗文、尺牍、日记、记事、文艺创作等。

　六二童话　家庭、历史、世界、中国等童话。

　六三故事　史地、训育、图画等故事。

　六四小说　长篇、短篇、图画、小小说等。

　六五笑话谜语　简短而有趣的笑话及浅近的谜语、谜画。

　六六寓言　世界、中国及民众寓言。

　六七神话　世界、中国各地神话。

六八物语传说　中西儿童物语及各国传说。

六九其他。

七〇历史

七一人类生活史　上古、中古、近古、人类生活史、儿童生活史。

七二中国史　上古、中古、近古史。

七三中国革命史　浅近的革命史。

七四中国国耻史　历年来外交失败略史。

七五世界史　亚洲、欧洲、美洲、非洲、澳洲等史。

七六中国名人传　名人、英雄、烈士等。

七七儿童传　模范儿童、爱国儿童传等。

七八世界名人传　各国科学家、政治家、文学家、军事家等。

七九其他。

八〇地理

八一游览指南　世界及中国各大都会浅近的游览指南。

八二中国地理　各省、各都市。

八三中国地图　各省、各县、各都市。

八四中国游记　有趣的中国各省、各县、各都市游记。

八五儿童游记　理想的、浅近的儿童游记。

八六世界地理　世界列强、各洲、各大都会。

八七世界地图　世界列强、各洲、各大都会。

八八世界游记　理想的或游戏的世界游记。

八九其他。

九〇艺术

九一书画　初步的书法、画范等。

九二手工　折纸、剪纸、竹木工、泥工、缝纫等。

九三装饰　家庭布置、集社、装饰等。

九四园艺风景　园林布置。

九五摄影　摄影浅说、摄影集。

九六音乐歌舞　初步音乐练习、儿童歌曲、诗歌、歌谣、舞蹈
　　　等。

九七剧本　儿童剧、历史剧、学校剧、歌剧。

九八游戏　儿童游戏、魔术、玩具等。

九九其他。

分类的方法：

（一）分类系统须确定大纲，细目不可轻易更动。

（二）确定书籍的内容和性质，而定门类。

（三）一书可入二类时，要比较轻重，而后决定之。

（四）普通丛书入总类，各科丛书入各科的总纲。

（五）检查分类号码：

（1）决定书籍为某类以后，就在分类表中查核他的类号。例
如"《小朋友游记》"，其类号为"八五"用罗马字写为85。

（2）将类号和著者号码，写于书标上，贴于书籍上，做为书码。
以便插架和核查之用。

（六）检查著者号码：

（1）著者号码的检查方法，必定要根据一种著者号码表（中外
著者统一排列法，详见本章第四节），寻得代表著者姓氏的号数，
然后将该号写在书标上或卡片上类码之下。如果像杜氏著者号
码表上，没有的姓氏，也可以依笔画次序插入而取相当数目。例
如：表中无"印"字，但是这个字在五画"′"起，应在"包"字与"丘"
字之间，因此也可以拿79来代表。

（2）书籍由政府机关著作的，拿该机关名称的第一字取两角
二三字各取一角，如用杜法就取第一字的笔画数，加在"八〇〇"
上，作为著者码。例如外交部为"八〇五"。（"外"字五画。）

（3）凡书局、会社、学校、外国人名及其他非私人的作者，都依
上例照杜法就依表"八三〇"至"九九八"号附加：例如商务印书馆

为"八四一"("商"字十一画),上海大学为"九〇三",("上"字三画),大野三郎为"九三三",("大"字三画),六一士为"九六四"("六"为四画。)

（4）没有著作者的书,就以那书名的笔画,加在别名的号码内,作为著者号码:例如《劝善录》为$\frac{192}{4488}$或$\frac{192}{920}$(杜法"劝"字二十画。)

（七）附加书码　普通图书有了类码和著者号码已足够用,但是有些书是在两册以上的,或是有特殊情形的,因为排列上的关系,而要附加号码或符号,以分别表示。这普通的方式如下:

（1）在杜法中同类的书有相同的类码,又有同姓的著者,都用连贯的数目:例如王汉柏的《小学生文范》为$\frac{61}{21}$,王人路的《小学生文范》为$\frac{61}{23}$。

（2）有两册以上的同样书,在著者号码下,加（1）（2）（3）数目字,以表示册数。最后的一册数,加一横画以表示终了。例如:张九如的《聪明的小医生》为$\frac{22}{1144}\frac{1}{}$　$\frac{22}{1144}\frac{2}{}$　$\frac{22}{1144}\frac{3}{}$。

（3）同性质的书又是同一著者,那末在著者号码以后第二本加（−2）,第三本加（−3）,余类推:例如杜定友《图书馆学通论》为$\frac{01}{4439-1}$,又杜定友《图书馆学概论》为$\frac{01}{4439-2}$,又杜定友《图书管理学》为$\frac{01}{4439-3}$。

（4）同样书在馆内同时有两部以上的,在著者号码下,加以（2）（3）（4）以表示部数:例如胡寄尘的《儿童诗歌》为$\frac{96}{4733}\frac{}{(2)}$

$$\frac{96}{4733}$$
（3）。

（5）同样几部书，又须表示册数时，用（3）1 表示第三部第一册，（3）2 表示第三部第二册，余类推：例如沈百英的《小计算》如

$$\frac{11}{3414} \qquad \frac{11}{3414}$$
（2）1　（2）2。

（八）特种书籍，应有特殊的分类标记。

（1）大本的图书，往往因架上安放不下，另外用"大"字表示，放在大书架上的：例如 $\dfrac{大\,37}{25}$　$\dfrac{大\,47}{86}$。

（2）参考书是不能借出的，要另架陈列。所以书码以前要架以△记号：例如 $\dfrac{\triangle 24}{326}$　$\dfrac{\triangle 03}{125}$。

（3）地图是另外放置的，在书码前要加以#记号表示：例如 $\dfrac{\#38}{427}$ $\dfrac{\#87}{481}$。

（4）此外如有特种图书，也可以用各种符号，以为特种标识，以免与普通书籍混合。

著者号码的编制　谈到图书分类，就不能不谈到著者号码。著者号码的编制，在中文方面现在有好几种，有的是把中国著者的姓用罗马字母音译取其第一字母和姓的笔数合成一个符号的。譬如蔡字的音，译为 Tsai，笔画十五，那末"蔡"的著者号码，就成为 T15。这种方法尤其在小学图书馆方面，不甚合用。通行的如王云五先生的《中外著者统一排列法》，简便易记，管理员熟练以后，可以自由推得，任何姓名的号码，绝对无须检表。编目时节省不少的时间，这个方法中文姓氏根据四角号码，西洋人姓氏，依字母所代表的号数替代写出，现在把方法内容写在下面：

0	1	2	3	4	5	6	7	8	9
A	B	C	D	E	F	G	L	M	S
OII	P	K	T	IJY	VUW	Q	R	N	XZ

对于姓取其两码,两名各取一码(小学图书馆,或仅第一名字一码,合共为三码亦可)。如果只有一个单名,那就对于名也取两码。例如蔡元培的号码是4414,胡适的号码是7430,Henry. O. B. 的号码是0401,Monroe. Paul 的号码是8010。按照这种号码排列,如果有相同的书,那就对于相同的几个号码,再按书名第一字的第一角或第一字母,加一位小数在上述四码之后,就不致再有相同的了。

除了王云五先生的方法以外,杜定友先生的著者号码表,也曾实地的用在许多图书馆里。这个著者表,每个姓氏有确定的号数,现在将他摘要写在下面:

号码	姓氏	起笔	画数	号码	姓氏	起笔	画数
2	丁	一	2	106	伍		
5	刁			121	宋	丶	7
15	方	丶	4	128	沈		
21	王	一		135	汪		
37	孔			148	杜	一	
52	毛	丿		157	李		
56	甘	一	5	164	吴	丨	
64	司			170	吕		
73	史	丨		178	何	丿	
77	包	丿		194	余		
81	丘			211	林	一	8
84	江	丶	6	225	邵		8
98	朱	丿		228	孟		

（续表）

号码	姓氏	起笔	画数	号码	姓氏	起笔	画数
242	金	㇒		407	許		
248	周			412	郭		
260	洪	丶	9	415	康		
265	施			420	曹	一	
268	姜			425	麥		11
271	胡	一		428	張		
285	郁			434	陸		
287	韋			441	陳		
300	范	丨		440	陶		
305	茅			454	莊	丶	
311	侯	㇒		468	甯	丶	12
312	俞			471	湯		
316	姚			477	馮		
322	段			486	彭		
332	高	丶	01	491	黄		
335	席			518	鈕		
337	唐			522	舒		
343	凌			523	傅		
347	秦	一		527	曾		12
350	班			530	盛		
352	馬			535	程		
359	袁			540	溫	丶	13
370	夏		10	551	賈	一	
375	孫			556	楊		
390	倪	㇒		559	裘		
393	徐			562	葉	丶	
402	梁	丶	11	566	葛		
406	章			568	董		

（续表）

号码	姓氏	起笔	画数	号码	姓氏	起笔	画数
570	虞			731	薛		
575	鄒	丿		735	鐘		
578	詹			741	顔	丿	18
588	齊	丶	14	743	鄺	丶	
590	廖			749	戴	一	
598	趙	一		756	瞿	丨	
618	熊			758	簡	丿	
622	潘	丶	15	761	魏	丨	
634	歐	一		775	羅		19
654	蔡	丶		784	蘇		20
661	鄭	丿		787	嚴	丶	
671	黎			791	顧		21
674	劉			795	龔		
700	盧	丨	16	801－830	政府		
705	錢	丿	16	831－860	書局		
710	鮑			861－890	會社		
717	謝	丶	17	901－930	學校		
722	韓	一		931－960	譯名		
727	蕭	丶		961－990	別名		

问题

一、图书为什么要分类,他对于图书馆工作的影响如何?

二、试说明小学图书分类重要的原则。

三、现在通行的图书分类法有几种,何以不适用于小学图书馆?

四、本章所提到的小学图书分类法大纲,有什么缺点试详述之。

参考书

杜定友　《学校图书馆学》　上海商务

蒋镜寰　《小学图书馆实施法纲要》《江苏省立图书馆馆刊创刊号》

沈祖荣　《中文编目中一个重要问题》《图书馆学季刊》　三卷一、二期

陈东原　《儿童用书的分类与编目》《学风》　一卷三期

曾宪文　《儿童图书之分类与编目》《文华图书馆科季刊》　一卷四期

刘国钧　《怎样开始类分图书》《民众教育月刊》　三卷三至四期

Hogeltine：Library Work with Children.

第九章　图书怎样编目

小学图书馆所藏的书籍,必须要有简单明白的目录。这个目的有三:(1)为教师之应用,(2)便于管理人员之检查,(3)为儿童本身之便利。当儿童及教师至图书馆寻求材料时,必先查目录,然后可以:

(1)寻取所要读的书。

(2)寻取某种科学的参考书。

(3)寻取某人所著的各书。

(4)寻取某类的书籍。

(5)略知某书的内容大概。

就是幼小儿童,单独前来阅书时,馆员也可以代为检查目录,然后择以相当的书籍,交给他们。叫他们得到阅读兴趣,而增进知识。总之,目录是图书馆的钥匙。如果编制得清晰有条理,可以与阅者和管理人以莫大的功益,遇事不须思索,一查便是,省时省事,图书馆内是绝不可少的。

(一)目录格式　目录的格式有以下三种:各有优劣,比较起来,可以得到结论是:

(1)书本式　便于携带,印刷较费,而不能随时插入,及移动部位行目。

(2)卡片式　随时易于改正,或插入、耐用、省费。

(3)签页式　虽可随时插入,但不耐用,且不经济。

三种格式的目录,比较起来,小学图书馆采用卡片式是最为合宜。如果能有定期书本式目录作副本,那是更好了。

　　(二)款目种类　　要应付阅者种种不同需要的记载是款目,款目的起首总须标出一个或几个字来作为检查和排列的顺序,这几个字,在术语上称为标目(Heading),若标目是著作人姓名,便叫著者款目,若是书名,便叫书名款目,若是一书的主题,便叫主题款目,也叫件名款目,其余的各种款目名称,都依着标目的种类而定,大致小学图书馆方面,多半只有著者、书名、主题款目三种,已足够用了。

　　(三)目录种类　　平常图书馆所用的横五英寸,直三英寸的卡片,小学图书馆,亦可以采用。最好是印成了一种固定的格式。编目的时候,照上面各项书名、著者、出版处、出版期、版次、册页数等填入,比较是容易使儿童领会。现在分写在下面:

　　(1)著者卡(如图)

书　码	著　　　　者:	
	书　名:	
	卷册数:	图表　　页
	版　次:	
	出版处:	出版期:
	附　注:	

实大 12.5×7.5 厘

　　以著者姓氏为主,可以检查某人所著有何书。普通应载著者通用姓名,至于伪名、别号不宜编用。因儿童脑力简单,不能有复杂的事物,而扰其心思。书本第一页上著者姓名,无论为真、为假,编制时总以常见的为标准。

　　(2)书名卡(如图)

90

书　码	书　　　名：
	著　者：
	卷册数：　　　　　　图表　页
	版　次：
	出版处：　　　　　　出版期：
	附　注：

以书名字画为主，可以检查每书在何类，为何人所著。这种目录，在小学图书馆，比著者卡还要重要。普通编制书名卡时，以省略闲字为妙。但儿童读物的书名不可省略，一定要明晰，容易看清。详细注解，可以使儿童一见就明了，内容也不可省去。遇有书名意义不清的时候，最好加以简单的附注。写在书名下，以备查考。

（3）主题标题分类卡（如图）

书　码	主题标题：
	著　者：
	书　名：
	卷册数：　　　　　　版　次：
	出版处：　　　　　　出版期：
	附　注：

以种类为主，可以检查某类中有某书。编制这种卡片，在现在中国图书馆编目，没有制定标准主题标题方法以前，尤其是小学图

书馆,感到很大的困难。所以先选标题时,以从简易明了而合儿童兴趣为最要(参见编目手续)。

（4）丛书卡 可分两种丛书卡:(1)系由丛书名将书归聚一处的,(2)如多本书籍关于一题或一事可以类聚的。

书　码	书　　名:儿童艺术丛书	
	著　　者:雷家骏(编辑)	
	卷册数:三册	图表　　页
	版　　次:初版	版　　本:
	出版处:商务	出版期:二十二年
	附　　注:第一种　音乐家趣事录	
	第二种　爱美生学画记	
	第三种　敏儿演剧史	

实大 12.5×7.5 厘

书　码	书　　名:音乐家趣事录	
	著　　者:雷家骏编	
	卷册数:一册	图表 15 页
	版　　次:初版	版　　本:
	出版处:商务	出版期:二十二年
	附　　注:儿童艺术丛书第一种	

实大 12.5×7.5 厘

书 码	著　　者:雷家骏编	
	书　　名:音乐家趣事录	
	卷册数:一册	图表 15 页
	版　　次:初版	版　　本:
	出版处:商务	出版期:二十二年
	附　　注:儿童艺术丛书第一种	

实大 12.5×7.5 厘

书 码	书　　名:小学生文库	
	著　　者:王云五　徐应昶(主编)	
	卷册数:第一集五百册	图表　页
	版　　次:初版	版　　本:
	出版处:商务	出版期:二十二年
	附注:本馆备有	
	小 医 室　　程瀚章(著)一册	
	怎样写信　　胡寄尘(著)一册	

实大 12.5×7.5 厘

书 码	书　　名:小医室	
	著　　者:程瀚章(著)	
	卷册数:一册	图表　页
	版　　次:初版	版　　本:
	出版处:商务	出版期:二十二年
	附注:小学生文库之一	

实大 12.5×7.5 厘

书　码	书　名:怎样写信	
	著　者:胡寄尘(著)	
	卷册数:一册	图表　　页
	版　次:初版	版　本:
	出版处:商务	出版期:二十二年
	附注:小学生文库之一	

此外有分析片、互见片、编译人片等,视情形酌量采用。

（四）编目手续　编目手续要清楚有条理,而后才利用方便。倘若步骤错乱,或缺一手续,每每使整个目录受连累,所以当编制目录时,应深切注意以下要点:

（1）拟稿

　　A 在编目稿上写书码。

　　B 抄写登记号码于书码之下。

　　C 抄写书名、著者、版次、出版期、册数、定价等于稿纸上。

　　D 审定类名,及检查类名表。

　　E 抄稿完毕夹书内。

（2）缮卡

　　A 照各种卡片,依式填写,并将书码用打字机打上,或用钢笔写上。

　　B 填写借书片,将卡片妥夹书内,交付标目。

（3）标目

　　A 写书码于书标上(如下页外书标图)。

　　B 贴书标于书脊或书角上。

　　C 贴内书标(图见下页)于上封面里。

　　D 贴借书袋于下封面底页内。

外书标

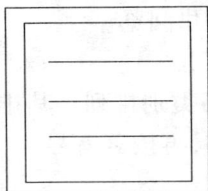

E 交付校对。

(4)校对　校对卡片及标目。

(5)入架。

内书标

南京市市立第一小学校

图 书 馆

登记总号＿＿＿＿＿＿＿＿＿＿

书码＿＿＿＿＿＿＿＿＿＿＿＿

捐赠者＿＿＿＿＿＿＿＿＿＿＿

寄存者＿＿＿＿＿＿＿＿＿＿＿

登记民国＿＿年＿＿月＿＿日

实大 9.5×6.5 厘

A 卡片排入目录柜。

B 借书卡插入袋内。

C 书籍按号排入书架上。

（6）备览　可发出应供阅览。

（五）书籍和卡片排列法

（1）书籍　应照图书类别排列。其排列次序,先依类别所代表的号码为主,同类的书,再按著者号码,版本排列和书名为序。例如:

《童子军初步》　　蔡正华编　　$\dfrac{45}{654}$

《小朋友卫生》　　陈北吹编　　$\dfrac{22}{441}$

《儿童疾病》　　　李　兰　　　$\dfrac{22}{157}$

上面三本书的排列:先依类号时,陈北吹的《小朋友卫生》和李兰的《儿童疾病》,同是 22,应该列在 45 类号蔡正华的《童子军初步》一本书之前。又陈北吹的《小朋友卫生》和李兰的《儿童疾病》,这两本书的类码,虽则相同,可是姓陈的著者号码为 441,而李姓为 157,所以这三本书排列的时候,应该是:(1)《儿童疾病》,(2)《小朋友卫生》,(3)《童子军初步》。

排片　在普通图书馆排片的时候,常常有用字典式的方法,依书名、著者、分类等片的各项款目,混合起来,按字的顺序排列。这种方法,固然在能利用一种字典方法,或是检字的方法下,便可以寻查所要的书。但是这种方法,在小学图书馆里,反而不及把各种卡片分开处置来的好。因为一般儿童查字典的方法不熟悉,就完全没办法。但是各种卡片分开的时候,那就是书名、著者,不明了时,也可以另外依类找寻。所以目录卡片的排列,可以依下列的标准去做:

（1）分类目录　依照分类表所规定之号码而排列。

（2）书名　或著者目录。

A 西文书以字母顺序,或以译名照中文排列。

B 中文图书目录片排列的方法,从前多半用部首法笔画法,不但是检查费时并且错误太多。近代检字法发明以后图书馆采用的很多:如"永字八笔法"、"五笔检字法"、"四角号码检字法"、"母笔检字法"、"汉字形位排检法"等等。著者据个人的经验觉得字数或号码多对于阅者检查上,难以辨识,困难丛生,结果每每卡片难以利用。试验的结果,还是认为五笔检字法,容易推行,小学生和管理员也容易领会,此法仍以笔画为标准,先数笔画,后比较笔法。兹将用该法排列卡片的办法,加以说明如下:

书名目录卡片,先以笔画之多寡为序。笔画同者,再依五笔检字法之原理,以❤—丨𝅃7五笔区别细则如次:

(1)依书名卡及书名分析卡之首字笔画多寡序列。笔画少者在前,多者在后。例如:《不老健身法》、《上元灯》、《昨日之花》等三书名,则依"不"(四画)"上"(三画)"昨"(八画)三字笔画多少为序。如:(1)《上元灯》,(2)《不老健身法》,(3)《昨日之花》。

(2)首字笔画相同,以首字起笔笔法:依照(❤)横(—)直(丨)撇(𝅃)屈(7)五种笔法区别。例如:《天空的神秘》、《中国革命》、《少年军事侦探》、《文天祥》等五书名,首字均四画,则依"文"之起笔(❤),"天"之起笔(—),"中"之起笔(丨),"今"之起笔(𝅃),"少"之起笔(7),为序。如:(1)《文天祥》,(2)《天空的神秘》,(3)《中国革命》,(4)《今古奇观》,(5)《少年军事侦探》。

(3)首字同的,依次字区别,余类推。例如:《人生观》、《人与自然》、《人类的行为》等,三书名首字均同,依"生"(五画)"与"(十四画)"类"(十七画)为序。如:(1)《人生观》,(2)《人与自然》,(3)《人类的行为》。

(4)首笔笔法同的,以次笔笔法为序。例如:《平凡的故事》、《玉葫芦》、《世界童话集》、《石头记》、《打狮子的猎人》等,五书名首字均为五画,且起笔均系横(—),故依各字次笔为序。如下:

（甲）《平凡的故事》 、点 "平"字首次二笔。
　　　　　　　　　 —横

（乙）《玉葫芦》 —横 "玉"字首次二笔。
　　　　　　　 —横

（丙）《世界童话集》 |直 "世"字首次二笔。
　　　　　　　　　 —横

（丁）《石头记》 ✐撇 "石"字首次二笔。
　　　　　　　 —横

（戊）《打狮子的猎人》 7屈 "打"字首次二笔。
　　　　　　　　　　 —横

（5）首次二笔笔法均同的,以第三笔笔法区别,余类推。例如:《内蒙自治》、《中国名人轶事》、《日本童话》等,三书名首字均四画,笔法均直屈—7,故依"内"、"中"、"日"三字之第三、第四笔笔法为序。如:

　　　　　　 —横
　　　　　　 —横
（甲）《日本童话》 7屈
　　　　　　 |直

　　　　　　　 |直
　　　　　　　 —横
（乙）《中国名人轶事》 7屈
　　　　　　　 |直

　　　　　　 ✎点
　　　　　　 ✐撇
（丙）《内蒙自治》 7屈
　　　　　　 |直

98

（6）书名同的，以著者区别。例如：徐傅霖的《儿童故事》，郑振铎的《儿童故事》，严既澄的《儿童故事》三部书的书名均同。则依徐傅霖、郑振铎、严既澄三著者姓名之笔画笔法比较序列。如：（1）徐傅霖的《儿童故事》，（2）郑振铎的《儿童故事》，（3）严既澄的《儿童故事》。

（7）书名著者均同的，依版期、版次之先后区别。

（8）凡目录首先数字相同的，依长短繁简分先后。例如：（1）《小朋友图画》，（2）《小朋友图画范本》。

（9）字之写法不同的，采其一种排列，而以互见卡表明之，以求一律，例如："鑛"见"矿"是。

附则：

（1）数目字均从小写。如壹、叁、伍当作一、三、五。

（2）写字次序，依以下诸原则：

（甲）先离后交 如：王 一干王。

（乙）自上至下 如：三 一二三。

（丙）自左至右 如：川 丿刂川。

（丁）先中后旁 如：樊 爻棥樊。

（3）笔画笔法均同的，以笔画短的在前，长的在后。如：己、已、巳，八、入、人，工、上、士，大、丈，刀、力，田、由、甲、申等。

（4）习用字仍旧如：（1）言字起笔作点不作横，（2）礻不作示。

（5）各字笔画均以宋体为准，但参以习惯之便利。订定标准如下：

（甲）阝 三画。

（乙）辶 四画。

（丙）廴 三画。

（丁）系 六画。

（戊）匚 二画。

（6）此外倘有疑难字画，均以《康熙字典》作标准。

为便利检查起见，按每一画数，各制指导卡五张，上标首字首笔笔法。例如：五画🖌，五画—，五画丨，五画🖌，五画７等。每一指导卡之后，又各制索引卡一张，上写指导卡后所有之卡片之首字，各以四组分别（因九画字无首笔为🖌次笔丨的，故🖌丨组缺）兹以九画为例（如下表）。

		九画🖌
🖌	🖌	活洋洴 〰〰〰〰〰〰〰〰〰
🖌	—	帝音彦 〰〰〰〰〰〰〰〰〰
🖌	🖌	美姜卷 〰〰〰〰〰〰〰〰〰
🖌	７	冠军法 〰〰〰〰〰〰〰〰〰

问题

一、图书馆目录有什么用处？小学图书馆目录与普通图书馆目录有何不同？

二、目录记载的有那几项，为什么要这样记载？

三、试说明卡片目录与书本式目录的利弊。

四、编目的原则有几？试说明之。

参考书

刘国钧　《图书馆学要旨》　上海中华

杜定友　《学校图书馆学》　上海商务

蒋镜寰　《小学图书馆实施法纲要》《江苏省立图书馆馆刊创刊号》

第十章 图书出纳的方法

图书馆出纳的方法不良,影响于书籍流通的困难很多,并且在小学校图书馆,因为儿童的能力浅薄,格外会发生很多的流弊。遗失、损坏的种种。所以小学校图书馆的出纳法,颇关重要。

借阅规程 借阅规程的制定,应包括下列数项:

(一)借阅保证 规定借书证。

(二)借阅本数的规定 每人每星期内,得借书一册或两册。

(三)借阅种类的规定 贵重书籍参考书及杂志,不能借出。

(四)借阅期限的规定 须有一定的时间或各级轮流。

(五)还书或续借手续的说明 注销手续或到期续借的,应明白规定。

(六)图书的爱护 不得涂抹或损坏借阅书籍。

(七)损失赔偿 遗失或损坏借阅之图书,应由借阅人照价赔偿。

流通的利益和范围 小学校出借图书有几种利益:

(一)馆内阅览常受时间及规则的限制,不及馆外阅读得自由。

(二)小学校图书馆,面积不大,借阅人多,不易容纳。

(三)在家借阅,家长可以知道子弟之读书方法与研究兴趣。

(四)可以提高儿童阅读兴趣,养成良好习惯。

(五)借出图书,可以减少管理员指导的事务,俾得抽暇理置图书。此外有四种范围：

（1）本校教职员　小学图书馆，应该备有教学上的种种参考书。所以本校的教职员，应该要有借阅权。

（2）本校儿童　小学图书馆的中心，是本校的儿童。所以他们当然要有借阅权。

（3）各级分馆　由各级处理各级所借阅之图书，而以总馆总其成。此种办法，应当：第一、注意管理方法上之统一，第二、须有密切的合作，否则易生许多的流弊（参见第十三章）。

（4）馆外联络　各小学图书馆，应该有联络合作的必要，最好管理方法，能一致，可以互相借阅（参见第十三章）。

出纳法的原则：

（一）手续简便。

（二）借出图书能如期归还。

（三）知道借书人正确的姓名。

（四）知道交还的日期。

（五）知道借阅的册数。

（六）要使借阅人借书，不得逾限。

（七）要知道各级儿童利用图书的程度。

（八）要使各种图书不为少数人所占有，而能普及于全校。

图书出纳的工具：

（一）书卡　凡是可以借的书，每本书应有书卡一张。注明书码、著者、书名和登记号数。这张书卡，就是一本书的代表，也就是一张永久的借书片。照平常的方法，每次借书，借书人必要用一张索书条，将书码和书名等填上，以便考查。但是小学生往往对于自己的名字，还不能写得清楚。何况书码、书名等等呢。即使会写的，也写不整齐，往往写错了，就要记载失实，发生错误。或且因而失去书籍。而且每次借书，要写一次，手续既烦，又要多费时间，也太不经济。现在有了书卡，只要借书的时候，写上一个名字，就够了。书卡是用三英寸宽,五英寸长的标准卡片制成的(如下图)。

01	著者	卢震京(著)		
700	书名	小学图书馆概论		
借 者 姓 名		借 出 期	归 还 期	

实大 12.5×7.5 厘

（二）书袋　每一本借出的书,应有一个书袋贴在封面底的里面,以便装置书卡之用。袋上注明该书书码,以便插卡时可以对照,而免错误。书袋是用坚厚的包皮纸制成的,以能装置书卡为度（如下页上图）。

（三）期限卡　这是借书的时候,插在书袋内。是告诉借书人,这本书应该何时归还。每借出书一本,需用一张。所以用卡多少,以每天借书数多少而定。譬如每天约有一百本书借出的,那末图书馆备六百张卡片就够了。因为书籍交还之后,该片仍可再用,所以与借书卡的性质不同（如下页下图）。

书 袋

南京市市立第一小学校

图 书 馆

书码:

书名:

著者:

1.请不要把书弄脏

2.请爱惜书籍不要弄破

3.书看完了就要还不要放

着不让别人看

实大 11.5×7.厘

期 限 卡

DATE DUE

实大 12.5×7.5 厘

（四）借书证　教职员借书证，本来也可以免去的，但是教员借书过多，往往数目不清，发生困难。所以用一借书证，以便核对。借书证不必另印，就用平常的书卡，上面写明姓名、住址，下面第一项抄书码，第二项借期，第三项是还期。

（五）日期印　日期印是象皮制的，印的大小，照书卡的小方格，若是不用印，而用手写的也很便当。写法以罗马字代表月份，以数目代表年份，日期格式如下：20 Ⅵ5 即二十年六月五日，12 Ⅻ 12 即十二年十二月十二日，现举代表月份的罗马字：如下 Ⅰ 一月，Ⅱ 二月，Ⅲ 三月，Ⅳ 四月，Ⅴ 五月，Ⅵ 六月，Ⅶ 七月，Ⅷ 八月，Ⅸ 九月，Ⅹ 十月，Ⅺ 十一月，Ⅻ 十二月，借书的手续，是很简单的。

借还图书的手续　出纳的方法有几种，手续也各异。现在比较起来，适宜于小学图书馆用的，写在下面。

（一）借书前：

（1）书袋、书卡，是编书的时候，已预备好了的。

（2）学生初次借书的时候，须填写借书袋二个。填好之后，照姓名排列在借书卡箱内，或抽屉内。

（3）教员初次借书时，也要填写借书证。

（4）预备好日期印，以期到为准，譬如今天是 20 Ⅸ7，那末日期印应用 20 Ⅸ7。

（5）预备期限卡数十张，以便应用。期限卡上，就盖着到期的日子。若是此卡已经用过的，就将以前的日期划去，以免混乱。

（二）借书时：

（1）将书袋内的书卡抽出，交借书人签名。

（2）根据借书人的姓名，找出书袋或借书证。

（3）插一张期限卡在书袋内，该书即可交借书人带去。

（4）在书卡上盖上日期印，插入借书袋内（教员借书将书码抄存证上，盖上日期）。

（三）借书后：

（1）将借出之书卡,连同借书袋,放在一起。

（2）汇齐各卡,分类统计,借出数目。

（3）各卡照日期排列,同日期照书码排列。

（4）教员借书证,照姓名排列。书卡仍照书码排列。

（5）每日用一张颜色指引卡隔开,以便检查(日期指引卡,与目录指引卡相同,不过是直的,上面注明日期)。

续借的手续,与初次借书完全相同。在书卡上,加盖日期印,换一张期限卡,书卡另照新日期排列。

还书的时候也很简便的。

（一）学生还书:

（1）根据期限卡,找出借书袋和书卡,书卡上加盖还书日戳。

（2）将期限卡抽出,将书卡放回书袋内。

（3）将借书袋插回原处。

（二）教员还书:

（1）照书码找出书卡,加盖还期,抽出期限卡,将书卡插回书袋内。

（2）照姓名找出借书证,加盖还书日期。

催书的手续,更加简便,只将每日到期的书,开列清单,通知各借书人便可。这种借书方法再简单没有了。借书的时候,借书人只要签一个字,办事人只要盖上一个印,不用传抄,可免错误。不到半分钟即可了事。还书的时候,更不必动笔,不过期限卡遗失了,就寻检书卡,困难一点,但是事实上很少遗失的。

问题

一、说明流通图书的利益和范围。

二、图书出纳法的重要原则有几? 试说明之。

三、图书出纳时所应有的工具有几? 试举例加以说明。

四、说明如何才能减少图书的遗失？

五、适用于小学图书馆的图书出纳方法的手续如何？

参考书

蒋镜寰　《小学图书馆实施法纲要》《江苏省立图书馆馆刊创刊号》

刘国钧　《图书馆学要旨》　上海中华

张九如　周蓉青　《可爱的小图书馆》　上海中华

杜定友　《图书馆管理学》　上海中华

Vity, C.：Circulation Work. A. L. A. 1927.

第十一章　图书典藏法

图书馆典藏的方法不讲究,不但是图书秩序凌乱,卷页散脱,不易管理,而且颠倒错乱,常常发生遗失,或未能按号寻得情事,致妨碍图书的使用,种种不便。所以小学图书馆,因为儿童的知识、道德,均极幼稚,应当对于典藏,格外的注意。各项要点分述在下面:

排架　图书经过编目手续以后,就要入架,书在架上,以书码作为排列的标准。排架的时候,自左至右,自上而下。每架各自独立,每架应留有空位,以便新书插入。排书时可以多用扶书板(如右图),以免倾倒,而致损坏。每架要用书架标目框(见下页图),标明该架号码,以便核寻。

扶书板

注销　凡破坏不适用的图书,应该按以下的标准,随时注销:

(一)印刷板错误过多的图书。

(二)内容不合需要的图书。

(三)过去一时间的需要的图书。

(四)卷页已破坏不堪阅读的图书。

注销时应在登录簿上,注明注销日期及原因,并将各种目录抽出,分别注销。

108

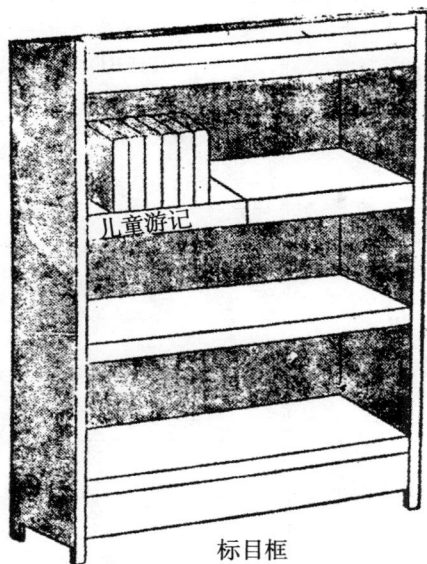

标目框

　　修补　略有损坏的书籍,如折角、脱页、书标脱落、封面破裂等,应该早为修补,或用桑皮纸黏贴。脱页或用玻璃纸黏贴。书页裂缝,封面破的,也应当用厚纸代替改装。如书已破烂太甚,尚可装钉的,宜送装钉所改装。

　　装钉　贵重大部的图书和杂志,应行检齐,按部或一定卷期装钉,以便保存。装钉送出时,应预先填制装钉单(如下图)。

装订式样 STYLE	背上金字 LETTERING FOR BACK
	著者
	书名
颜　色 COLOUR	
OTHER DIRECTIONS	版次
	册数
	书号
此纸仍请退还 RETURN THIS SLIP WITH BOOK	馆名

实大 12.5×7.5 厘

　　装钉登记簿也要写明装钉或式样、材料、颜色及卷册数等。普通图书,可勿庸装钉,以免太费。

　　保护　图书因为受有潮湿的原故,既容易将书页破烂,更容易发生虫蛀。所以保护图书的方法,最要的是:要在管理人和借阅人能够爱惜图书。把藏书的地方空气要流通,温度要在六七十度之间。并且要把书不时翻动,在每年十月间空气干燥的时候,将图书曝晒一次。已装钉之硬面书,宜放在空气流通之地阴干之。虫蛀未发生之先,应加以预防。将潮湿地方书架脚下,常洒以石灰粉。如已发现蠹鱼,可以用樟脑粉,放在书架中和书套内。或用樟脑粉放入信封内,夹在书里,都可以灭杀虫害。如果用炭化水素,散布在书中,或用炭化硫酸盐熏蒸法,那格外容易驱除虫害。不过用蒸气蒸杀,易于燃烧,行之不可不慎。

卫生　小学图书馆,是儿童和教师聚集之所。如果图书馆方面,不注意到卫生事项,便很容易成为一个传染病的媒介所。对于儿童身心妨碍,尤为重大。所以图书馆,应该要用宣传的方法,一方面唤起儿童和教师注意他们卫生的生活,同时更要时时检点,和图书借阅人,有无受有传染病菌的可能性,加以预防和灭杀。举行下列各项的消毒的手续,使之绝迹。

(一)清除馆内外污秽,常洒消毒药水。

(二)图书消毒:

(1)在每年暑假期间,所有图书概行消毒。

(2)污秽很多的图书,应当消毒或注销烧毁。

(3)接触有传染病人之手的图书,随时要消毒。

(4)发现借出图书落在有传染病家庭中时,非待愈后,不准交还。图书交来时,应即消毒。

(5)图书馆区内,发生传染病时,宜将图书馆暂停借阅,待退后再为开放。

(三)借阅人消毒:

(1)凡衣服身体不洁的人,应禁止入馆。

(2)新近染有传染病的,应禁止入馆。

(3)注意纠正借阅人的读书习惯。

(4)馆门入口偏僻处宜设有洗手器具,并备药水皂,以便借阅人入馆时洗用。

(5)馆内如设有饮茶处,宜由借阅人自备茶杯。

杂件管理　凡各种单页论文、杂件,宜放入小册匣(如下左图)内,按类放入,并黏贴书名表,以便查阅。如有公文信件、照片、图画等,也应分类保存,收藏在文件柜(如下右图)内。

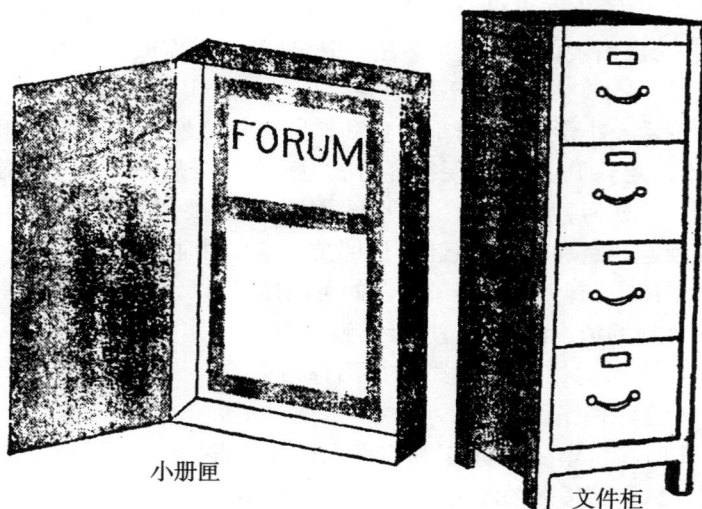

小册匣　　　　　　　　　文件柜

检查　每学期或每年,应规定时期,将全部藏书,举行总清查一次。根据排架目录,逐一查点,凡有卡无书的,抽出后,再与借书片核对,如该书已借出,应将卡片插回。倘发现书已遗失时,应公布周知索还,如已经三月,而仍未查获的,即可将目录片抽去,当在登录簿上注销,并注明遗失符号。

统计　图书馆统计,是图书馆进行现状和已有成绩的一种表示根据。这种表示,可以预测未来的发展。所以图书馆统计,应该要详明。不但是表明馆内藏书的多少,或是各类的藏书有多少,同时也要表明借阅人,对于图书馆所发生的种种关系。以及对于图

112

书馆行政上利弊,以便择长补短,随时改进。

问题

一、怎样注销图书?

二、图书有损坏时,应当如何处置?

三、说明保护图书的要点。

四、说明卫生和图书馆的关系,并列举其要点。

参考书

杜定友 《图书管理学》 上海中华

张九如 周翥青 《可爱的小学图书馆》 上海中华

《冷藏书方法的介绍》 《图书馆学季刊》 四卷三、四期

许振东 《图书之清洁与消毒》 《中国出版月刊》 第五期

第十二章　怎样指导儿童阅览

所谓阅览指导,不在材料的注入,更不是只有苦读而无理解的工作。最要的焦点,就在能引起儿童阅读的兴趣。根据自然的程序,养成欣赏和独创的能力,使得学习起来,经济而有效。指导儿童阅读要注意:(一)理论的原则,(二)实际的方法。兹就图书馆方面分述在下面:

理论的原则:

(一)态度的积极　柏葛(Parker)氏说:"大进步由于小帮助"。这话真是指导儿童阅读的无上法门。我们觉得幼年的儿童,能力浅薄,最要多加指导。年龄愈大,指导的程度,可以愈简单愈减少。智力发达的儿童,应训练其自己解决问题的能力。一次不成,再试,三试,切勿灰心。现在的困难愈多,则将来成功的快乐一定愈大。即使儿童思想停顿,或陷入迷途,教者应洞悉其谬误之所在,而予以间接的提引,随时随地,抱积极的态度,从事于儿童阅读的教学。那么,教学的效果,或许能多收一些。

(二)注意力的集中　儿童学习的时候,应当用他的全力,以聚精会神。这是人人都知道的。若是没精打采,精神不能贯注,学习起来,自然容易遗忘,效力亦因之减少,性情疏惰的儿童,常常把读书当为假面具。其实心猿意马,毫不留心,这是学习上最不好的习惯。所以教师应该使他们养成"游戏时游戏,工作时工作"的习性,工作起来,注意力完全集中在工作,任何不好的新环境,总不能

114

把他索动。这也是儿童阅读时应该养成的。

（三）努力的习惯　儿童学习起来,每易流滞不前。教师所指定的读物,常会抛延时日,不能积极的前进。搔首挖耳,迟误时间,都是最常见的情形。这种习惯,殊非阅读时的好现象。所以指导儿童课外的阅读,应当养成努力的习惯。使他们对于某种读物的学习,在图书馆里,有敏捷爽快的进行。

（四）时间的节省　学习的时间经济,在学习心理学上是很重要的一个问题,我们既谈到儿童的阅读,那末阅读的时间经济,当然也必须注意。倘若就任儿童试行错误,翻开书来,必定忙无头绪,不必看的偏看了,不要记的偏记了。化费许多宝贵的时间和精力,对于学习的效能仍旧所得无几,这真是十分浪费的事情。所以教学儿童课外阅读,又当养成节省时间的习惯。

（五）敏速正确的训练　阅读的重要条件,就是敏捷和正确。儿童看书,不但要看得透彻,还要看得敏捷。指导者最好规定一个时间,同一材料,使儿童隔几天,或每周做一次读书的比赛。将每次的成绩,用方格统计纸记录下来。一方面可使儿童知道自己阅书的进步,一方面又有团体竞争的乐趣。但是单有敏速的训练,仍恐儿童又有团体束缚,还不能有完全的效果。所以必须要有正确的训练,以补足之。其法就在儿童阅读以后,管理员随便发问几个问题,试验他们究竟阅读后是否了解,或亦用比赛的方法测验,谁最正确,以引动其兴趣。

（六）记忆力的帮助　含有文学意味的读品,大半都是应用欣赏,使儿童娱乐,没有记忆的必要。但有些读物,必须熟练牢记。甚至烦难的材料,需数小时才能记起。此时可指导儿童分数次学习,方来得经济而有力。要是很复杂的材料,则可用简单有系统的纲要或参考,以清眉目。要是专名、公式、或记年,以及各种缺乏理解的事实,则必须领会原文,或矫作格式,使联念成立,才便于记忆。譬如一四九二年,本是毫无意义,不易强记的。若附入哥伦布

115

于是年发现新大陆的事实,便容易记忆了。此外补助记忆的方法,最好是应用表演方法,使儿童从图书馆里看到一个故事,经过一番自动的表演,自然牢记不忘了。

(七)思想能力的修养 爱姆孙(Emerson)说:"世上最难得的功课,就是思想"。所以儿童看书以后,须使他们回想一次,寻出主要的意思,把各个观念,组织起来,然后秉科学的态度,评判其价值。一切盲从或武断的惰性,都扫除干净。能思想的儿童,不论其正确与否都应鼓励他们,因为智力丰富起来,思想自能入正轨。最怕的是不用思想的呆子。惟自相矛盾,或前后不联贯的思想,也应有积极的指导,帮助他们更改。倘儿童偶有困难,则应指示导线,使自求解决。既不代为思想,亦不阻其思想,才是正当的利导。

实际的方法:

(一)布置优美的读书环境 小学图书馆布置优美的读书环境,可以分为两方面说:

(1)人的环境——儿童阅读的指导,图书管理员和学校内的教师,都应负相当的责任,以共同帮助儿童。对于初年级的儿童,尚须讲种种好听的故事,以引起读书的兴味。学校教师最好与图书馆管理员互相联络,以促进指导的效力。儿童的模仿性很强,一见旁人看什么书,自己也去找一本。并且看起来,兴趣格外浓厚。这是建造人的环境,对于儿童阅读之助力。

(2)书的环境——指导儿童的阅读,必先引起儿童与书的爱情。所以图书馆的设备,和书面的装饰,就非常重要。四壁悬挂风景画片、标语和对联等,以引起读书兴趣,并时时更换。高低适度的书架上,铺着各种美丽的书籍和图画,儿童自然要兴致勃发,手不忍释。这是建造书的环境,对于儿童阅读之帮助。

(二)图书馆利用法的指导 图书馆对于儿童阅读有几种利用方法的指导,应当特别注意:

(1)图书目录——儿童图书的分类法、检查方法、排列方法、及借阅手续,都要加以适当的指导,使儿童应用便利。

（2）新书目录的编印——凡有新书到馆,应该随时编成目录,最好再加以简单介绍,张贴馆内,使众周知。能多印张贴在课室宿舍更好。

（3）特种书目的编印——编印各种特种目录,按科目或程度分,如:"童子军书目"、"儿童故事书目"、"儿童游记书目"、"中级读物书目"等。每种选择精要本,随时分发。

（4）书签的利用——每本书内,夹以美丽的书签,印上图画,或读书的格言,这可以使儿童发生兴趣,并且可以免得折角记注的弊病。

（5）画刊剪裁的利用——在布告栏内,张贴照像,或画片,同时附以书目或杂志论文,这很容易引起儿童的注意。譬如:在九一八纪念的时候,利用许多国难画片,再贴起有关东北事件的书目和论文索引,都可以增加阅读精神的兴奋。

（6）辞典和百科全书——辞典和百科全书,是帮助阅读重要的工具。不过内容复杂,条目繁多,管理应当指示儿童翻用的方法,以便寻找材料。

（三）展览　举行图书展览会,把各种有趣味的,或善本美装的图书,或一科一门的图书,或适合于某种程度的图书,陈列出来,引得儿童们来自由欣赏,发生阅读兴趣。如果有实体的东西,如选择鸟虫鱼的图书,放在鸟虫鱼的标本旁边,自然也容易引人入胜;或在佳节如端午节时候,放置关于吃粽子的故事图画书报,也可以叫儿童和图书发生爱好。

（四）制阅书成绩比较表　每月调制各级儿童入馆阅书的次数、人数,以资比较。使成绩优良的,得着奖励,成绩恶劣的,知道奋勉。

（五）读书会　举行读书会。管理人教师演讲读书法、研究法。由儿童报告读书心得,这种组织有两种方法:

（1）先叫学生选择某某故事，或其他文字，在家自行练习。读书会开会时，可叫学生推定一位主席，一位书记，书记先把上次读书会经过情形报告一遍。主席指定若干人，参加比赛，各人在未读之前，先要报告他所读故事的题目、来源、和内容的大概。

（2）教师就各班学生的程度，选择若干篇文字，作为比赛的材料。在读书会未开之前，各级先行预赛，挑选读得最好的两名，在全校行纪念周，或其他集会时，举行正式比赛，批评的标准可以分作几项：

（A）口齿清楚不清楚。

（B）有没有腔调，腔调就是读老文章的调子。

（C）姿态怎样？

（D）声音太高还是太低？

（E）有无表情动作？

读书会要注重团体给奖，以鼓励各级学生的读书兴趣。否则仅少数人喜欢读书，多数学生却不愿意多读。

儿童不独要看故事、小说、或其他文学书籍，还应看科学的书籍。儿童不论看过什么科学的书籍，都可以在这个会上报告。这种会的名称，可以随性质和目的而定。如社会科读书会、自然科读书会等。

（六）故事演讲会　故事会，低年级尤其要注意。单就增进儿童读书兴趣这方面看，故事会不在乎儿童故事讲得好，而重在怎样使儿童在未开故事会前，多预备故事，儿童在开会时，除讲故事外，还可以报告各人最近所读，或所看的故事。

（七）图书旅行游戏　关于史地方面的图书，凡儿童读完一册以后，作一简单报告，标明所读日期、地点、于地图上，并注姓名，在一定期间，能周游全球。而成绩最优的，应当加以奖励。儿童对于这种游戏，很容易引起兴趣。

（八）各种聚会　图书馆应该利用影片、幻灯等，或编儿童剧本,使学生演习。或举行恳亲会、演讲会等,由图书馆供给材料,担任导演。使图书馆为活动的中心,而引起读书兴趣。

问题

一、指导阅览的目的何在? 试略述之。

二、怎样叫阅读的儿童注意力集中?

三、在指导阅览的时候,怎样可以叫儿童得到敏速正确的训练?

四、试说明布置图书馆优美环境的要点。

参考书

徐阶平 《小学读书教学实际问题》《中华教育界》 十八卷二期

徐阶平 《儿童课外阅读的指导》《中华教育界》 十八卷一期

刘百川 《怎样指导小学生读书》《地方教育》 第六十期

吴增芥 《几个增进小学生阅读兴趣的具体方法》《教育杂志》 二十
二卷一期

Hunt, C. W. : Library Work with Children A. L. A. ,1924.

第十三章　小学图书馆的推广事务

在一个活动有生机的小学图书馆,它是要时时运用心裁,以新的方法,来扩大它的业务。而且时时寻求各种组合,和图书馆的联络,能够尽量的与他们合作,以增进图书馆的效能。在这里不仅是小学图书馆管理人,要负起责任来,就是所有小学校的生员,都应当有一致的努力,如是才可以在经济原则上,得到大的成效。

推广小学图书馆的事业,无非是助长小学教育的进步,以谋教育基础的根本改进。扩大小学图书馆工作,不但要用方法去增加流动图书,并且要使小学图书馆,能充满到整个儿童和儿童导师的团体中,这是小学图书馆推广事业的最后的期望,也是小学图书馆推广事业的重要焦点。

小学图书馆的联络　一个小学图书馆,无论经济人才怎样充足,绝不能将所有儿童读物,或小学教师的参考书,搜罗尽至。所以各图书馆,或儿童教育机关,如果能有切实的联络,遇有一馆未备的图书,都可以互相借阅,或是复本的交换种种,都是表示合作,而推广图书的流通。

学生家庭之联络　一个小学图书馆,能够与小学生家庭方面有密切的联络合作,不但是在阅读指导上,可以得到良好的效果,就是从图书馆事务方面也有许多的利益。这种利益至少可以说能够:

(一)使家长以其书借给学校使用。

120

（二）使学生家中其他儿童,可以利用校中各书。

学级文库　小学校因为图书馆馆址狭小,或是某种书是某级所常用的,或因各级的距离太远,来往不便,就将某类书籍,交由该级保管借用,或将书籍轮流更换,每月一次,每次数十本,因人数及需要而定。或将正本存于馆内,副本分散各级。种种方法,推广流通,以应实用。凡借出书籍由级任或级长负责办理。可以临时订立借书手续,每级用一张借书证,在规定时期清还一次。

分馆　小学图书馆,如为管理方面便利起见,有时把教员用书,分列一处,成立一个分馆。这种办法,是与各级文库相仿佛,管理手续方面应该要与总馆有密切的合作,方见成效。

分科图书馆　因为便设计教学计,有一科一门的图书,放在专科的教室里的。也有因为低年级儿童所需阅览的图书,与高年级所阅览的不大相同,如适应各级儿童程度起见,添设分科图书馆。这种办法,在经济方面,不甚合算。如果是图书费不多的,宜不设立为佳。

巡回文库　小学图书馆经费充裕的,可以将图书馆所藏的书籍,用车或轻便的书架,分装百余本。每日令馆役轮流,车送到附近儿童丛集的地方,如小菜场、公园等和寺庙前去巡回陈列。如此利用运书车,可以达到两种目的:

（一）使得附近学校的儿童,和游散的儿童,也得同享读书的便利。

（二）使那些儿童知道图书馆的功用,诱导他们,随时来馆寻阅他们所爱读的图书。这种巡回文库办理得法的,是可以有很大的成效。一方面也可促进社会人士的注意。不过关于图书的办法,如果不严密,不但是图书容易遗失,而且有很多的麻烦,不能经济,所以初办的时候,应当特别注意。

问题

一、怎样联络小学图书馆来增进图书馆的效率?

二、办理巡回文库对于社会所发生的影响如何? 试略述之。

参考书

刘国钧　《图书馆学要旨》　上海中华

杜定友　《图书管理学》　上海中华

黄　琴　《图书馆推广事业》《文华图书馆专科学校季刊》　四卷二期

张九如　周毊青　《可爱的小图书馆》　上海中华

结　论

本书所提示关于小学图书馆的方法和讨论,不仅重在理论的研究,而尤希望能将实际有成效的方法,介绍给一般从事于小学教育界的人员;因为重于理论,就有不切实的弊害。同时如果仅谈实际方法,忽略理论的原则,那末像现在在这个日新月异的图书馆事业的过程中,是机械的,板滞而没有生气的,所以在此全书结束的时候,我深愿看这本小书的人,对于小学图书馆,感觉有同样的兴趣和希望。

附　　录

幼童文库二百册目录

本文库适合小学低年级儿童需要,全部以图画为主,辅以简单文字的说明,彩色精印,纸张坚厚。全编二百册,定价二十五元,特价二十元。

【一】　社会

【二】公民

【三】自然

四七	猪	陆仁寿		一角
四八	鼠	伍志一		一角
四九	蛇	伍志一		一角二分
五〇	益虫	陆仁寿		一角八分
五一	害虫	陆仁寿		一角八分
五二	鱼	伍志一		一角八分
五三	鸟	伍志一		一角八分
五四	蚕	陆仁寿		一角二分
五五	蜜蜂	陆仁寿		一角二分
五六	蚂蚁	陆仁寿		一角
五七	蝶和蛾	胡颜立		一角八分
五八	蝇和蚊	胡颜立		一角八分
五九	我们的粮食	赵夐		一角八分
六〇	我们的蔬菜	徐师雪		一角八分
六一	我们的果子	徐师雪		一角八分
六二	天空中（上）	赵景源		一角八分
六三	天空中（下）	赵景源		一角八分
六四	地面上（上）	姜元琴		一角八分
六五	地面上（下）	姜元琴		一角八分
六六	云和雨	胡颜立		一角八分
六七	霜和雪	胡颜立		一角八分
六八	风	胡颜立		一角八分
六九	水和冰	胡颜立		一角八分
七〇	煤和炭	胡颜立		一角八分
七一	铁和钢	胡颜立		一角八分
七二	船	卢家骏		一角
七三	车	徐阶平	阴景曙	一角
七四	灯	卢家骏		一角二分
七五	航空机	韦琦		一角二分
七六	电世界	孟浩生		一角二分

【四】算术

126

小学生文库五百册目录

本文库适合小学中高年级儿童程度,内容以人类全部知识的雏形为范围。计全编五百册,定价七十元,现售预约五十元。

三七	数学游戏　第一册	胡达聪	一角五分
三八	数学游戏　第二册	胡达聪	一角五分
三九	儿童的算术　第一册	陈岳生	二册合售
四〇	儿童的算术　第二册	陈岳生	三角五分

【一二】自然科学总类

四一　儿童实用科学大纲　第一册　胡悫风译
Holden：Beal Things in Nature

四二	儿童实用科学大纲　第二册	胡悫风译	二册合售 三角五分
四三	儿童实用科学大纲　第三册	胡悫风译	
四四	儿童实用科学大纲　第四册	胡悫风译	二册合售 三角五分
四五	儿童实用科学大纲　第五册	胡悫风译	
四六	儿童实用科学大纲　第六册	胡悫风译	二册合售 三角五分

全部六册合售　一元

四七	奇象　第一册	周建人选辑	
四八	奇象　第二册	周建人选辑	
四九	奇象　第三册	周建人选辑	
五〇	奇象　第四册	周建人选辑	
五一	奇象　第五册	周建人选辑	
五二	奇象　第六册	周建人选辑	
五三	奇象　第七册	周建人选辑	
五四	奇象　第八册	周建人选辑	八册合售 九角
五五	自然界的四季　第一册	陆仁寿	
五六	自然界的四季　第二册	陆仁寿	
五七	自然界的四季　第三册	陆仁寿	
五八	自然界的四季　第四册	陆仁寿	四册合售 一元

【一三】天文

五九　天界一瞥　　　　　　　　　应观兴译　　　　三角
Baikie：Peeps at the Heavens
六〇　谈天　　　　　　　　　　胡苏民译　　　　二角
Roger：The Sky Every Boy Should Know
　　【一四】地文
六一　我们的地球　第一册　　　吕炯译
J. H. Fabre：This Earth Of Ours
六二　我们的地球　第二册　　　吕炯译
六三　我门的地球　第三册　　　吕炯译
六四　我们的地球　第四册　　　吕炯译　　　　四册合售
　　　　　　　　　　　　　　　　　　　　　　一元
六五　说地　第一册　　　　　　胡苏民译
Roger：The Earth Every Boy Should Know
六六　说地　第二册　　　　　　胡苏民译
六七　说地　第三册　　　　　　胡苏民译　　　三册合售
　　　　　　　　　　　　　　　　　　　　　　六角五分
　　【一五】物理
六八　水　　　　　　　　　　　徐应昶　　　　一角
六九　声　　　　　　　　　　　陆仁寿　　　　一角
七〇　光　　　　　　　　　　　陆仁寿　　　　一角五分
七一　热　　　　　　　　　　　陆仁寿　　　　八分
七二　燃烧　　　　　　　　　　周建人　　　　一角
七三　电　　　　　　　　　　　徐应昶　　　　一角
七四　磁石和磁力　　　　　　　李宗法　　　　一角
七五　简单的机械　　　　　　　李宗法　　　　一角
七六　电话　　　　　　　　　　徐应昶　　　　一角
七七　望远镜　　　　　　　　　徐应昶　　　　八分
七八　显微镜　　　　　　　　　徐应昶　　　　八分
七九　摄影术　　　　　　　　　徐应昶　　　　八分
八〇　活动影戏　　　　　　　　徐应昶　　　　一角
八一　有线电报　　　　　　　　徐应昶　　　　一角
八二　儿童的无线电　　　　　　林履彬　　　　一角五分

133

134

136

角五分

二一八	爱美生学画记	雷家骏	一角
二一九	名画家的故事 第一册	史岩	一角五分
二二〇	名画家的故事 第二册	史岩	一角五分

【二八】音乐

二二一	音乐家的故事 第一册	费锡胤	一角五分
二二二	音乐家的故事 第二册	费锡胤	一角五分
二二三	儿童音乐入门	胡敬熙	二角

【二九】游戏

二二四	儿童故事游戏 第一册	张九如	一角五分
二二五	儿童故事游戏 第二册	张九如	一角五分
二二六	儿童故事游戏 第三册	张九如	一角五分
二二七	儿童故事游戏 第四册	张九如	一角五分
二二八	儿童故事游戏 第五册	张九如	一角五分
二二九	儿童故事游戏 第六册	张九如	一角五分
二三〇	儿童科学游戏 第一册	林履彬	一角
二三一	儿童科学游戏 第二册	林履彬	一角
二三二	手影术	陈济芸	一角五分
二三三	挑绳游戏	陈岳生	一角

【三〇】神话

二三四	中国神话	胡怀琛	三角
二三五	埃及神话	王焕章译	一角五分

Amy Cruse：Myths of the Egyptians

二三六	印度神话	王焕章	一角五分
二三七	希腊神话	沈德鸿	二角
二三八	北欧神话	胡伯恳译	二角五分

Amy Cruse：Myths of the Norsemen

二三九	印第安人的神话	甘棠	一角五分

【三一】童话

二四〇	中国童话 第一册	吕伯攸	一角
二四一	中国童话 第二册	吕伯攸	一角

140

J. W. von Goethe：Reynard the Fox

【三二】寓言

二六五	中国寓言　第一册	胡怀琛	一角
二六六	中国寓言　第二册	胡怀琛	一角
二六七	中国寓言　第三册	胡怀琛	一角
二六八	中国寓言　第四册	胡怀琛	一角
二六九	伊索寓言　第一册	孙毓修	一角五分

The Fable of Aesop

二七〇	伊索寓言　第二册	孙毓修	二角
二七一	印度寓言　第一册	张学明	一角五分
二七二	印度寓言　第二册	张学明	一角五分
二七三	托尔斯泰寓言　第一册	唐小圃	

Tolstoy's Fables

二七四	托尔斯泰寓言　第二册	唐小圃	二册合售二角
二七五	土耳其寓言	章任光	一角
二七六	德国寓言	章任光	八分

【三三】故事

二七七	发明的故事　第一册	吕金录译	

Floyd L. Darrow：Thinkers and Doers

二七八	发明的故事　第二册	吕金录译	
二七九	发明的故事　第三册	吕金录译	
二八〇	发明的故事　第四册	吕金录译	四册合售一元
二八一	科学故事　第一册	守一译	

J. H. Fabre：The Story Book of Science

二八二	科学故事　第二册	守一译	
二八三	科学故事　第三册	守一译	
二八四	科学故事　第四册	守一译	四册合售一元
二八五	义侠故事　第一册	苏颂夫	一角

二八六	义侠故事	第二册	汪仁侯	一角
二八七	义侠故事	第三册	汪仁侯	一角
二八八	义侠故事	第四册	汪仁侯	一角
二八九	爱国故事	第一册	赵复	
二九〇	爱国故事	第二册	赵复	
二九一	爱国故事	第三册	赵复	
二九二	爱国故事	第四册	赵复	
二九三	中国故事	第一册	朱鼎元等	一角五分
二九四	中国故事	第二册	朱鼎元等	一角五分
二九五	中国故事	第三册	朱鼎元等	一角五分
二九六	中国故事	第四册	朱鼎元等	一角五分
二九七	中国故事	第五册	朱鼎元等	一角五分
二九八	中国故事	第六册	朱鼎元等	一角五分
二九九	中国故事	第七册	朱鼎元等	一角五分
三〇〇	中国故事	第八册	程绍南	一角五分
三〇一	中国故事	第九册	程绍南	一角五分
三〇二	中国故事	第十册	胡寄尘	一角五分
三〇三	中国民间故事		吕伯攸等	一角
三〇四	蒙古民间故事		柏烈伟	六角
三〇五	西藏民间故事	第一册	甘棠译	

A. L. Sheltan：The Tibetan Folk Tales

三〇六	西藏民间故事	第二册	甘棠译	二册合售三角
三〇七	中山故事	第一册	马眉伯	
三〇八	中山故事	第二册	马眉伯	二册合售三角五分

【三四】谚语

三〇九	民谚	第一册	徐子长	
三一〇	民谚	第二册	徐子长	二册合售三角五分

【三五】谜语

142

三一一　儿童谜语　第一册　　　　　计志中等　　　　八分
三一二　儿童谜语　第二册　　　　　计志中等　　　　八分
三一三　字谜　　　　　　　　　　　徐子长　赵景源　一角五分
　　　【三六】诗歌
三一四　儿歌　第一册　　　　　　　计志中等　　　　一角
三一五　儿歌　第二册　　　　　　　计志中等　　　　一角
三一六　甜歌77曲　　　　　　　　　沈秉廉　　　　　二角
三一七　表情儿歌　　　　　　　　　任雁风　　　　　一角五分
三一八　儿童歌谣　　　　　　　　　潘伯英　　　　　一角五分
三一九　小歌曲　　　　　　　　　　潘伯英　　　　　一角
三二〇　儿童诗歌　第一册　　　　　严既澄　　　　　一角
三二一　儿童诗歌　第二册　　　　　徐应昶　赵景源　一角
三二二　童谣　　　　　　　　　　　朱天民　　　　　一角
　　　【三七】歌剧
三二三　蜜蜂　　　　　　　　　　　叶圣陶　　　　　二角
三二四　新生　　　　　　　　　　　谢康　　　　　　一角五分
三二五　风浪　　　　　　　　　　　叶圣陶　何明斋　二角
三二六　荒年　　　　　　　　　　　沈秉廉　　　　　一角
　　　【三八】剧本
三二七　儿童剧本　第一册　　　　　计志中等
三二八　儿童剧本　第二册　　　　　计志中等
三二九　儿童剧本　第三册　　　　　费赞九
三三〇　儿童剧本　第四册　　　　　俞嘉瑞
三三一　故事剧　第一册　　　　　　胡怀琛
三三二　故事剧　第二册　　　　　　胡怀琛
三三三　故事剧　第三册　　　　　　胡怀琛
三三四　故事剧　第四册　　　　　　胡怀琛
三三五　珍儿演剧史　　　　　　　　赵夐　　　　　　二角五分
　　　【三九】短篇小说
三三六　儿童中国短篇小说　第一册　陈倩如　　　　　一角五分
三三七　儿童中国短篇小说　第二册　陈倩如　　　　　一角五分

三三八	儿童外国短篇小说	第一册	徐应昶	二角
三三九	儿童外国短篇小说	第二册	徐应昶	二角

【四〇】长篇小说

三四〇	三国演义	第一册	胡怀琛改编
三四一	三国演义	第二册	胡怀琛改编
三四二	三国演义	第三册	胡怀琛改编
三四三	三国演义	第四册	胡怀琛改编
三四四	三国演义	第五册	胡怀琛改编
三四五	三国演义	第六册	胡怀琛改编
三四六	三国演义	第七册	胡怀琛改编
三四七	三国演义	第八册	胡怀琛改编
三四八	三国演义	第九册	胡怀琛改编
三四九	三国演义	第十册	胡怀琛改编
三五〇	三国演义	第十一册	胡怀琛改编
三五一	三国演义	第十二册	胡怀琛改编

十二册合售
二元六角

三五二	西游记	第一册	方明改编
三五三	西游记	第二册	方明改编
三五四	西游记	第三册	方明改编
三五五	西游记	第四册	方明改编
三五六	西游记	第五册	方明改编
三五七	西游记	第六册	方明改编
三五八	西游记	第七册	方明改编
三五九	西游记	第八册	方明改编
三六〇	西游记	第九册	方明改编
三六一	西游记	第十册	方明改编

十册合售
一元八角

三六二	水浒传	第一册	胡怀琛改编
三六三	水浒传	第二册	胡怀琛改编
三六四	水浒传	第三册	胡怀琛改编
三六五	水浒传	第四册	胡怀琛改编

三六六	水浒传　第五册	胡怀琛改编	
三六七	水浒传　第六册	胡怀琛改编	
三六八	水浒传　第七册	胡怀琛改编	
三六九	水浒传　第八册	胡怀琛改编	
三七〇	水浒传　第九册	胡怀琛改编	
三七一	水浒传　第十册	胡怀琛改编	
三七二	水浒传　第十一册	胡怀琛改编	
三七三	水浒传　第十二册	胡怀琛改编	十二册 合售二元
三七四	岳传　第一册	胡怀琛改编	
三七五	岳传　第二册	胡怀琛改编	
三七六	岳传　第三册	胡怀琛改编	
三七七	岳传　　第四册	胡怀琛改编	
三七八	岳传　第五册	胡怀琛改编	
三七九	岳传　第六册	胡怀琛改编	
三八〇	岳传　第七册	胡怀琛改编	
三八一	岳传　第八册	胡怀琛改编	八册合售 一元二角
三八二	鲁滨孙漂流记 Defoe：Robinson Crusoe	高希圣重述	二角
三八三	大人国和小人国 Jonathan Swift：Gulliver's Travels	马仁钧等方正重述	二角
三八四	阿丽斯的奇梦 Carroll：Alice in the Wonderland	徐应昶节译	一角五分
三八五	瑞士家庭鲁滨孙　第一册 David Wyss：Swiss Family Robinson	甘棠译述	
三八六	瑞士家庭鲁滨孙　第二册	甘棠译述	二册合售 五角五分
三八七	黑奴魂 Mrs. Stowe：Uncle Tom's Cabin	徐应昶节译	三角
三八八	珊瑚岛	徐应昶节译	三角

Rallantyne：The Coral Island

三八九　黑美　　　　　　　　　徐应昶重述　　　　三角

Ann Sewell：Black Beauty

三九〇　小公子　　　　　　　　王学理译　　　　　六角

F. H. Burnett：Little Lord Fauntleroy

【四一】笑话

三九一　儿童笑话　第一册　　　计志中等　　　　　一角

三九二　儿童笑话　第二册　　　计志中等　　　　　一角

【四二】公民道德

三九三　格言注释　　　　　　　胡怀琛　　　　　　一角

三九四　好公民　　　　　　　　魏志澄　　　　　　一角五分

【四三】史地

三九五　远古的人类　　　　　　陈叔谅译　　　　　四角五分

H. Van Loon：Ancient Man

三九六　人类的交通　　　　　　陈锦英译　　　　　四角

I. F. Chamberlain：How We Travel

三九七　怎样研究历史和地理　　王志瑞　韦息予　　一角五分

三九八　日本一瞥　　　　　　　俞松笠译

J. Finnemore：Japan

三九九　高丽一瞥　　　　　　　郑次川译　　　　　二角

A. Herbert：A Peep at Korea

四〇〇　暹罗一瞥　　　　　　　顾德隆译　　　　　二角五分

Ernest：Siam

四〇一　印度一瞥　　　　　　　徐鼎臣译　　　　　三角五分

J. Finnemore：A Peep of India

四〇二　土耳其一瞥　　　　　　孟琇璋译　　　　　三角五分

R. van Millingen：Turkey

四〇三　埃及一瞥　　　　　　　顾仲彝译　　　　　二角五分

K. T. Kelly：Egypt

四〇四　澳洲一瞥　　　　　　　吴艮培译　　　　　三角

Frank Fox：Australia

四二三	江西省	周杰	二角五分
四二四	湖南省	傅角今	二角
四二五	湖北省	陈傅文	一角五分
四二六	四川省	周传儒	四角
四二七	贵州省	严新农	一角五分
四二八	云南省	詹念祖	三角
四二九	广西省	盛汶	二角五分
四三〇	广东省	陈家骥	二角
四三一	福建省	盛叙功	
四三二	山东省	陈博文	
四三三	河南省	傅角今	一角五分
四三四	河北省	詹聿修	五角五分
四三五	山西省	傅角今	八分
四三六	陕西省	傅角今	一角
四三七	甘肃省	陈博文	二角
四三八	新疆省	赵夐　姜元琴	一角五分
四三九	东三省	臧启芳　曹树风	
四四〇	新省区	傅角今	二角
四四一	西藏	刘曼卿	一角五分
四四二	外蒙古	刘虎如	三角
四四三	珍儿旅行记　第一册	陈铎	三角
四四四	珍儿旅行记　第二册	陈铎	四角
四四五	珍儿旅行记　第三册	陈铎	四角
四四六	儿童环游世界记	吕金录译	五角

F. G. Carpenter：Around the World With the Children

【四五】传记

四四七	孔子	胡寄尘	一角
四四八	孟子	胡寄尘	八分
四四九	秦始皇帝	何炳松	一角五分
四五〇	班超	陈倩如	一角
四五一	诸葛亮	吕金录　杜迟存	八分

四五二	玄奘	陈倩如		一角
四五三	郭子仪	陈倩如		一角
四五四	王安石	赵复		一角
四五五	岳飞	郭箴一		一角
四五六	文天祥	陈倩如		一角五分
四五七	成吉斯汗	姚名达		八分
四五八	郑和	姚名达	朱鸿禧	一角
四五九	戚继光	束云逯		
四六〇	史可法	胡道静		一角
四六一	郑成功	林淡秋		一角
四六二	林则徐	储祎		一角
四六三	孙中山	赵景源		一角
四六四	革命先烈小传	沈斐成		一角
四六五	牛顿	徐守一		六分
四六六	拿破仑	钱智修	杨瑞文	一角五分
四六七	华盛顿	林万里	杨瑞文	一角五分
四六八	瓦特	徐守一		八分
四六九	加里波的	徐应昶		一角
四七〇	林肯	徐守一		一角
四七一	科伦布	伍志一		一角五分
四七二	马可波罗	束云逯		一角
四七三	麦哲伦	林淡秋		一角
四七四	达尔文	赵复		八分
四七五	爱迪生	李宗法		二角

【四六】历史

四七六　儿童的人类故事　第一册　王学文等译
Ramon Coffman: The Child's Story of the Human Race

四七七　儿童的人类故事　第二册　王学文等译

四七八　儿童的人类故事　第三册　王学文等译

四七九　儿童的人类故事　第四册　王学文等译

四八〇　儿童的人类故事　第五册　王学文等译